음악 해상도를 높이는
학생 주도적 음악 수업 따라잡기

음악 해상도를 높이는
학생 주도적 음악 수업 따라잡기

발행일 2023년 1월 11일

지은이 | 노현진
펴낸이 | 한향희
펴낸곳 | 도서출판 빨강머리 앤
디자인 | 한향희
출판등록 | 제25100-2005-28호
주소 | 대구광역시 달서구 문화회관길 165, 대구출판산업지원센터 411호
전화 | (053) 257-6754
팩스 | (053) 257-6754
이메일 | sjsj6754@naver.com

ⓒ 노현진, 2023

*이 책은 저작권법에 따라 보호받는 저작물이므로 무단복제를 금합니다.
*이 책 내용의 전부 또는 일부를 이용하려면 반드시 저작권자와 빨강머리 앤의
  서면 동의를 받아야 합니다.

음악 해상도를 높이는
학생 주도적 음악 수업 따라잡기

노현진 지음

프롤로그

  이 책은 교육과정 재구성과 과정 중심 평가를 적용한 학생 주도적 프로젝트 수업이 중요해지면서, 고등학교의 음악 수업을 어떻게 디자인하고 실행하면 좋을지 고민을 거듭한 후 실행한 산출물입니다. 2015 개정 교육과정이 끝나가는 시점에서 지금까지 실시한 수업을 정리하고, 2022 개정 교육과정을 위해 준비하시는 선생님들의 음악 수업을 위한 아이디어에 작은 도움이 되었으면 하는 마음으로 지난 3년간의 수업을 모았습니다.

  새롭고 다양한 주제의 음악 수업을 실현할 수 있도록 적극적으로 도와준 북삼고등학교 학생들, 따뜻한 격려와 지원을 아끼지 않고 지지해주신 교장 선생님, 교감 선생님, 그리고 함께 수업 고민을 나눈 많은 동료 선생님께 감사의 마음을 전합니다.

  특히 도움이 필요하면 언제나 기꺼이 도와주신 박지은 수석님, 조영미 수석님, 김정완 선생님, 항상 많은 가르침을 주시는 임주섭 교수님,

가족만큼 소중한 친구이자 선생님인 박성미 교수님 고맙습니다.

  끝으로 그리고 일과 공부에 욕심이 앞서 늘 소홀했지만 있는 그대로 항상 지지해주고 응원해주는 우리 가족들.
  세상에서 가장 소중한 태완이와 여울이, 사랑합니다.

2023년 11월
저자 노현진

차 례

들어가며

1장_ 음악 해상도를 높이는 학생 주도적 음악 수업이란?   09
    1. 학생 주도적 음악 수업 필요성   10
    2. 학생 주도적 음악 수업 디자인   14
    3. 학생 주도적 음악 수업 구성   18

2장_ 음악 해상도를 높이는 학생 주도적 음악 수업 사례   21
   CHAPTER 1. 〈표현 영역〉 나만의 음악을 담아내다   22
     picture 1. 'step by step' 힐링 칼림바   24
     picture 2. 우리가 함께 만드는 〈Canon In C〉   38
     picture 3. 듀엣 콘서트   66
   CHAPTER 2. 〈감상 영역〉 음악가의 영감을 느끼다   81
     picture 4. 지각적 음악 감상과 갤러리 워크   83
     picture 5. 나의 인생곡을 소개합니다   102
   CHAPTER 3. 〈융합 및 생활화 영역〉 음악과 함께 살아가다   114
     picture 6. 음악이 흐르는 시(詩)   117
     picture 7. 교내 갤러리 음악 코디네이터   130
     picture 8. 음악을 활용한 생명사랑실천   139

부록_ 맛있는 공연 레시피   149

에필로그

제1장

음악 해상도를 높이는 학생 주도적 음악 수업이란?

학생 주도적 음악 수업 필요성

1. 포스트코로나시대, 인공지능(AI)이 음악적 삶에 미치는 영향

 코로나19 이후로 교실 수업 현장은 급격히 변화하였다. 갑작스레 온라인 교육이 전면 실시 되기도 하였으며, 다시 대면수업으로 복귀되었지만 지난 2년간 온라인 수업에 익숙해진 학생 중 일부는 교실의 대면 수업 상황에 잘 적응하지 못하는 모습을 보이기도 했다. 더욱이 음악 수업은 표현활동이 많은 교과로 그 영향이 적지 않았다.

 인공지능(AI)은 우리 사회에 깊숙히 자리 잡았으며, 이는 지적 활동의 효율성을 증대시켰다. 하지만 음악 감상의 측면에서 알고리즘의 영향은 사람들에게 음악 감상의 주도성을 상실하게 하였다. 주어진 음악만 감상하게 되는 과정이 반복되면 다양한 음악을 접할 기회를 잃게 되고 결국 음악에 대한 가치 판단이 힘들어 자신의 음악적 정체성을 형성하는데 부정적인 영향을 준다.

2. 음악 수업에 대한 학생들의 인식과 변화의 필요성

학생의 질문	변화의 방향	역량
"음악 수업 왜 해요?"	음악의 아름다움, 특징 및 가치를 이해하고 음악이 가져다주는 행복감을 느껴보자	음악적 감성 역량 UP
"못 해서 창피해요."	자신의 생각과 느낌을 음악을 통해 창의적으로 표현하여 자신감을 가지자	음악적 창의·융합 사고 역량 UP
"같이하기 부담돼요."	음악성 및 음악적 견해가 다른 사람과 소통과 협력을 통하여 좋은 음악을 함께 만들자	음악적 소통 역량 UP
"제가 공연해도 돼요?"	지역 및 학교 공동체의 구성원으로 음악으로 다양한 행사에 적극적으로 참여하자	문화적 공동체 역량 UP
"음악 잘 알고 싶어요."	다양한 음악 감상 및 분석으로 음악 감상의 스펙트럼을 넓히고 깊이 이해하자	음악 정보 처리 역량 UP
"뭘 좋아하는지 몰라요."	나의 음악적 삶을 성찰하여 자기 주도적으로 음악적 삶을 살아가자	자기관리 역량 UP

지난 15년간 학생들에게 음악 수업에 대한 여러 질문을 받았다. 음악 수업을 왜 하는지부터 잘 하고 싶고 제대로 알고 싶다는 학생들까지 질문의 종류는 다양했지만 모든 학생들의 궁금증을 완전히 해소해 주었는지는 아직까지 의문으로 남아 있다.

음악 수업이 학교에서 왜 필요한지, 어떻게 해야 잘 할 수 있는지, 자신에게 어떤 성장을 가져다주는지 등 학생들이 궁금해 하는 것들의 이유가 녹아 있는 것이 바로 음악과 교육과정이다. 따라서 학생 스스로 한 질문에 대한 답을 스스로 찾을 수 있도록 교육과정을 잘 반영하여 설계한 학생 주도적 음악 수업을 실시해야 한다.

학생 주도적 음악 수업이란 학생이 자신이 속한 사회적 맥락에 반응하고, 자신의 의문을 해결하는 과정에서 배움이 일어나는 것이다. 이러한 수업 과정으로 학생들은 자연스럽게 음악 교과역량을 함양하게 되고, 음악이 학생들의 삶 속에서 생활화 할 수 있게 된다.

3. 고등학생들에게 진짜 필요한 음악 수업

사회의 변화와 학생의 요구를 반영한 학생 주도적 음악 수업을 실시해야 한다. 여러 매체에서 쏟아지는 음악의 홍수 시대에 살고 있는 아이들이 좋은 음악을 선별하여 들을 수 있는 안목을 기르고, 가창, 기악, 창작 등 다양한 음악적 표현을 경험하여 자신의 음악적 정체성을 찾아 삶 속에서 음악을 스스로 생활화 할 수 있는 수업이 필요하다. 이런 수업을 통해 학생들은 음악적 문해력과 음악적 감수성을 높일 수 있을 것이다.

2015 개정교육과정의 고등학교 음악과의 목표와 음악과 교과역량, 교수·학습 및 평가의 방향을 적용하여 다음과 같은 음악 수업을 실시하고자 한다.

♪ 음악의 기초 기능과 음악적 문해력을 높여 음악을 깊이 있게 이해할 수 있는 수업
♪ 삶 속에서 다양한 음악 활동을 스스로 즐기는 자기 주도성을 함양할 수 있는 수업
♪ 학생 주도적 수업과 과정 중심 평가가 이루어지는 수업

학생 주도적 음악 수업 디자인

해상도란 화면 또는 인쇄 등에서 이미지의 정밀도를 나타내는 지표이다. 이 책에서는 음악 해상도라는 용어는 두 가지의 의미로 사용한다.

1. 음악을 분석하여 본질을 파악하고 가치를 판단할 수 있는 능력

> 교육과정 재구성이 된 프로젝트 수업으로 음악의 다양한 음악 요소와 개념을 이해하며, 음악 교과 역량이 골고루 발달하여 깊이 있는 음악 표현과 지각적 감상이 가능한 능력

먼저 음악 해상도는 음악을 분석하여 본질을 평가하고 가치를 판단할 수 있는 능력이라는 의미이다. 에드윈 고든의 음악 문해 능력, 즉 오디에이션이란 소리가 물리적으로 존재하지 않을 때에도 마음속으로 음악을 듣고 이해할 수 있는 능력을 말하는데, 음악을 제대로 이해하고 즐기기 위해서는 반드시 오디에이션 능력이 선행되어야 한다.

그리고 학생들이 음악을 제대로 즐기기 위해서는 관련된 음악 지식 및

사회·문화적 배경지식도 필요하다.

이렇게 교사의 교육과정을 재구성한 다양한 프로젝트 수업을 통해 학생들은 다양한 음악 요소와 개념을 이해하고 구분할 수 할 수 있다. 또한 음악 교과 역량이 골고루 발달하여 깊이 있는 음악 표현과 지각적 음악 감상을 할 수 있을 것이다. 이러한 능력을 음악 해상도라 하였다.

2. 프로젝트 수업 흐름의 3단계

수업의 흐름	단계별 활동 내용
기존의 음악 **해**석하기	■ 교사의 티칭(teaching) ■ 기존의 음악 해석 및 연주, 프로젝트 제시 및 안내
나만의 음악 **구상**하기	■ 학생 주도적 학습 + 교사의 코칭(coaching) ■ 표현, 감상, 융합, 생활화 영역별 프로젝트 수업 실시
새로운 음악으로 **도**약하기	■ 학생 주도적 학습(심화) ■ 평가, 새롭게 알게 된 지식 적용 및 새로운 과제 도전

음악 해상도는 프로젝트별 수업 흐름의 단계를 의미하기도 한다. 모든 프로젝트는 [기존의 음악 **해**석하기] – [나만의 음악 **구상**하기] – [새로운 음악으로 **도**약하기] 3단계로 진행되며, 각 프로젝트의 글자를 따 해상도라 하였다.

[기존의 음악 **해**석하기] 단계에서는 교사의 티칭이 이루어지는 가운데 프로젝트를 제시하고 목표와 활동내용을 안내한다. 학생들의 주도적 학습을 위해 시범 연주, 모범 답안, 활동 예시 등의 방법으로 기존의 음악을 소개하고 해석하게 된다.

[나만의 음악 구상하기] 단계에서는 각 영역별 프로젝트 수업을 학생 주도적으로 실시한다. 학생들이 수업 활동을 주도적으로 이끌어 가는 동안 교사는 피드백과 과정 중심 평가를 통한 코칭 활동으로 학생 개개인에게 맞춤형 수업 활동 과정을 지원한다.

마지막으로 [새로운 음악으로 도약하기]에서는 프로젝트 수업을 통해 알게 된 것들을 바탕으로 심화 과제에 도전하거나 새로운 과제에 적용하게 된다.

음악 해상도를 높이기 위한 학생 주도적 수업을 위한 수업전략 3P란?

음악 해상도를 높이기 위한 학생 주도적 수업전략으로 3P를 설정하였다. 프로젝트를 구성하는 각 차시별 수업(Pixel)들이 모여 하나의 프로젝트 수업(Picture)을 구성하고, 학생 선택권(Pick)을 확대하여 학생 주도적 수업을 구현하고자 하였다.

| **Pick** 학생 주도적 수업을 위한 선택 요소 | 학생 스스로 주체가 되어 목표 설정부터 활동 및 평가까지 수업의 전 과정에 자율적으로 참여하여 만들어가는 수업 | ▶ | 학생 주도적 수업을 하기 위해 주제 선정, 활동 내용, 평가 시기 및 방법 등을 필요에 따라 자율적으로 선택하고 결정함. |  |

학생 주도적 수업을 제대로 실천하기 위해서는 학생 스스로 주체가 되어 목표 설정부터 활동 및 평가까지 수업의 전 과정에 자율적으로 참여할 수 있어야 한다. 그러기 위해서는 프로젝트의 수업 내에서의 다양한 요소들을 필요에 따라 자율적으로 선택하고 결정할 수 있는 학생 선택권을 확

대하였다.

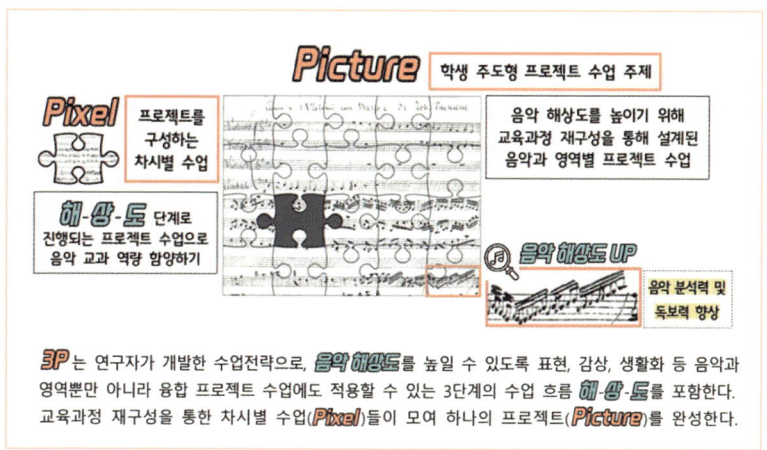

음악 해상도를 높이기 위해 교육과정 재구성을 통해 설계된 음악과 영역별 프로젝트 수업은 해-상-도 단계로 진행되며, 이를 통해 음악 교과 역량을 함양하게 된다. 6개의 음악 교과역량을 골고루 함양하여 좋은 음악을 선별할 수 있는 안목을 발현하고, 여러 음악 활동으로 음악적 정체성을 확립하여 삶 속에서 음악을 자기 주도적으로 생활화할 수 있기를 기대한다.

학생 주도적 음악 수업 구성

이 책에서는 교육과정 재구성을 통한 프로젝트 수업 사례 8가지를 소개한다. 교과 영역별로 프로젝트를 나누어 정리하였으며, 수업을 하며 고민하고 이를 해결하기 위해 구체적으로 실천한 부분들과 서·논술형 평가 문항 및 채점 기준표, 세부능력 및 특기사항 기재 사례, 학생들의 프로젝트 수업 후기 등을 함께 담았다.

	Picture 프로젝트 주제	**Pixel** 해석-구상-도약 차시별 수업 [성취기준]	**Pick** 학생 주도형 수업을 위한 선택 요소
chapter 1. 표현	'step by step' 힐링 칼림바	총 6차시 [12음01-01/01-05]	■ 자기 주도적 연습 및 평가일정 수립 ■ 평가 대회 응시로 연주 기량 및 성취도 향상
	우리 반이 함께 만드는 Canon In C	총 13차시 [12음01-01/01-03/02-01]	■ 캐논을 재해석한 리듬 및 선율 작곡으로 나만의 음악 창작 ■ 파트 및 변주 순서를 자율적으로 결정하여 연주를 완성
	듀엣 콘서트	총 8차시 [12음01-01/01-02/01-05]	■ 가창력을 분석하여 장점이 드러나는 음악으로 직접 선곡 ■ 자각적 음악 감상 및 비평 능력을 바탕으로 동료평가 실시
chapter 2. 감상	자각적 음악 감상과 갤러리 워크	총 10차시 [12음02-02/02-03]	■ 자율적으로 작성한 음악감상노트를 서·논술형 평가 자료로 활용 ■ 갤러리 워크 활동을 위한 작곡가 자유롭게 선택 가능
	나의 인생곡을 소개합니다.	총 2차시 [12음02-01/02-02]	■ 나의 삶에 영향을 준 다양한 장르의 음악을 직접 선곡 ■ 선곡한 이유를 자신만의 기준에 따라 음악적으로 해석
chapter 3. 융합 및 생활화	음악이 흐르는 시(詩)	총 5차시 [12음01-04/02-01/03-01]	■ 마음에 드는 시 선택하여 어울리는 음악 선곡 ■ 제작한 시화 중 동료평가를 통해 교내 전시작 선정
	교내 갤러리 음악 코디네이터	총 4차시 [12음01-04/02-02/03-02]	■ 교내 갤러리 공간에 어울리는 배경음악 플레이리스트 생성 ■ 새로운 공간의 음악 코디네이션 도전
	소중한 너와 나를 위한 노래	총 3차시 [12음03-01/02-02]	■ 음악으로 감사와 위로의 감정 표현하고자 하는 대상 선정 ■ 전하고 싶은 메시지 내용 및 들려주고 싶은 음악 선곡

제2장

음악 해상도를 높이는 학생 주도적 음악 수업 사례

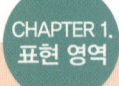

나만의 음악을 담아내다

CHAPTER 1. 수업 개요

첫 번째 〈표현 영역〉 '나의 음악을 담아내다'는 가창, 기악, 창작 등 표현 활동으로 음악의 아름다움을 경험하고 음악성과 창의성을 계발한다. 이를 통해 나만의 음악을 개성 있게 표현하는 방법을 익혀 음악적 감성 역량, 음악적 소통 역량, 자기관리 역량을 기를 수 있도록 수업을 계획하였다.

> ♪ 'step by step' 힐링 칼림바를 주제로 한 단계별 맞춤형 기악(칼림바) 수업
> 칼림바 연습 및 피드백 일정을 스스로 계획하고, 정해진 기간 내에 다회 응시가 가능한 열린 수행평가를 통해 학생들의 연주 기량 및 성취도를 향상하고자 한다.
>
> ♪ 우리가 함께 만드는 Canon in C를 주제로 한 창작 중심 융합 수업 (창작+감상+기악)
> 음악이론 및 창작 수업과 모둠별 연주 수업이 융합된 형태로, 개별 창작 및 모둠별 연주 과정에서 학생들의 주도적인 표현 활동을 기대한다.

♪ 듀엣 콘서트를 주제로 한 가창(이중창) 수업

노래를 통해 함께 소통하는 즐거움을 경험하고, 여러 가지 음악 요소를 구별하여 음악을 감상하는 능력을 바탕으로 다른 사람들의 가창을 객관적으로 평가할 수 있는 역량을 함양할 수 있는 수업을 실시한다.

CHAPTER 2. 수업 설계

활동	Picture 수업 주제	Pixel 성취 기준	Pick 학생 주도형 수업을 위한 선택 요소	수업의 흐름 기존의 음악 해석하기	나만의 음악 구상하기	새로운 음악으로 도약하기
기악	'step by step' 힐링 칼림바	[6차시] 01-01 01-05	• 자기 주도적으로 연습 및 피드백, 평가 일정 수립 • 대회 평가 응시로 연주 기량 및 성취도 향상	• 악기 구조 설명, 연주 영상 감상 • 칼림바의 기본 주법 숙지	• 연주곡 2곡의 특징 분석 • 연습 계획 수립 실시	• 교사 피드백 및 평가 • 도전곡 연습, 교과 관련 독서
창작 (융합)	우리가 함께 만드는 Canon In C	[13차시] 01-01 01-03 02-01	• 캐논 주제로 리듬과 선율을 변주하여 나만의 음악 창작 • 파트 분배 및 변주 순서를 모둠이 자율적으로 결정	• 음악 이론 및 기보법 익히기 • 다양한 형식의 리듬 창작	• 파헬벨의 캐논 감상 및 분석 • 화성과 종지법 • 2개의 변주 창작	• 모둠별 악보 제작 및 칼림바 합주 • 악보집 제작
가창	듀엣 콘서트	[8차시] 01-01 01-02 01-05	• 모둠원의 가창력을 분석하여 장점이 잘 드러나도록 직접 선곡 • 지적 음악 감상 및 비평 연습 후 서·논술형 평가 및 동료평가 실시	• 장르별 이중창 음악 감상 • 음악의 흐름 및 형식 분석	• 듀엣 전략분석 및 선곡 • 선곡한 음악 해석 및 연습	• 음악 비교/분석 서·논술형 평가 • 듀엣 콘서트, 평가, 소감

Picture 1 'step by step' 힐링 칼림바

1. 수업 설계 의도

학기 초에 받은 음악 교과 자기소개서를 분석한 결과, 일부 학생을 제외한 대부분의 학생들은 학교에서 배운 악기 외에는 연주할 수 있는 악기가 없다고 했으며, 학교에서 배운 악기도 수업이 끝난 후에는 대부분이 연주를 하지 않고 있었다. 연주하지 않는 다양한 이유가 있었고, 고등학생 수준의 능숙한 악기 연주 실력을 원하지만 실제로 연주 실력은 그에 미치지 못해 큰 흥미를 느끼지 못한다는 의견이 많았다.

| "악기가 없어요." "주법을 까먹었어요." "악보를 못 읽어요." "연주에 소질이 없어요." | ▶ | 주법을 쉽게 익힐 수 있는 보급형 악기로 개개인의 연주 실력에 따라 맞춤형 수업을 |

악기연주는 심리적으로 긍정적인 영향을 주며 풍부한 감정표현이 가능하여 음악치료로도 활용되고 있다. 특히 음악치료에 사용되는 악기인 칼림바는 연주법이 간단하여 독보력이 부족해도 누구나 연주할 수 있으며, 선율과 화음 연주가 가능하고 음색이 아름다운 것이 특징이다. 코로나19로 교실 내 합창 및 연주 활동이 침체되어있던 상황에서, 코로나 블루를 극복하고 그 외 각종 호흡기 바이러스의 영향과 상관없이 학교에서 연주 활동을 자유롭게 할 수 있는 악기라 수업에 적극적으로 활용하게 되었다.

 학생 주도적 수업 요소
- ♪ 자기 주도적 연습 및 평가 일정 수립
- ♪ 정해진 기간 내 평가 다회 응시로 연주 기량 및 성취도 향상

수업에서는 학생 개개인의 독보력 및 칼림바 연주 실력이 서로 다른 점을 고려하였다. 1, 2단계로 나누어 단계별로 각 1곡씩, 총 2곡을 제시하고, 1단계 곡 평가에 통과한 후 2단계 곡을 연습할 수 있도록 하였다. 학생들은 스스로 계획한 일정에 따라 연습하고 피드백을 받았으며, 개별 수행평가를 실시하였다.

학생들의 개별 연습량 및 평가 준비도에 따라 정해진 기간 내에 자유롭게 평가에 도전할 수 있다. 단계별 악곡마다 총 3번의 응시 기회를 부여하고, 학생들이 연주를 중도 포기하지 않고 끝까지 완곡할 수 있는 수업 및 환경을 조성하여 학생 맞춤형 수업을 실현하고자 하였다.

2. 교육과정 분석 및 재구성

기존 성취기준	재구조화한 성취기준
[12음01-01] 악곡의 특징을 이해하며 개성 있게 노래 부르거나 악기로 연주한다. [12음01-05] 바른 자세와 호흡 및 정확한 발음으로 노래 부르거나 악기에 따른 연주법을 익혀 표현한다.	[12음01-01/01-05] 악곡의 특징을 이해하여 바른 자세와 연주법으로 개성 있게 악기로 연주한다.

프로젝트 목표	칼림바의 구조와 특징을 파악하고 연주법을 익혀, 악기 고유의 아름다운 음색을 느끼며 개성 있게 연주한다.
음악요소 및 개념	여러 가지 박자, 여러 가지 박자의 리듬꼴, 다양한 소리의 어울림

Pixel

프로젝트 흐름에 따른 차시별 수업 활동

해석하기	1차시	♪ 악기 구조 및 특징 설명, 칼림바 연주 영상 감상 ♪ 칼림바의 기본 주법 숙지
구상하기	2~4차시	♪ 2단계의 단계별 연주곡 특징 분석 ♪ 자기 주도적 연습 계획 수립 및 실시
도약하기	3~6차시	♪ 교사 피드백 및 평가 ♪ 도전곡 제시 및 자율적 연습, 교과 관련 독서

3. 학생 주도적 프로젝트 수업 실시

[기존의 음악 해석하기]
🎵 악기 구조 설명 및 연주 영상 감상

 1차시에는 기존의 기악 수업 및 평가와 달라진 점을 학생들에게 충분히 설명해야 한다. 먼저 총 2곡의 평가곡이 제시되며, 각 단계별로 평가를 진행한다는 점, 스스로 계획을 세워 연습하고 피드백을 받는 맞춤형 수업이라는 점, 정해진 기간 안에 개인의 연습량과 준비도에 따라 평가 일자를 선택할 수 있으며, 여러 번 응시가 가능하다는 점 등을 설명한다. 이는 학생들이 정해진 수업 진도에 구애받지 않고 자신의 속도에 따라 수업과 평가가 가능하여 수업 참여 의지를 북돋울 수 있다는 장점이 있다.
 학생이 보유한 악기를 사용하도록 권장하되, 준비하지 못한 학생들도 수업에 참여할 수 있도록 학급 학생 수만큼의 칼림바를 미리 준비하여 사용할 수 있도록 한다. 공용 악기는 관리가 중요하므로 악기를 다루는 바른 태도를 갖추고 좋은 소리를 유지할 수 있도록 사전 지도가 필요하며, 특히 악기를 조율하고 보관하는 방법을 상세하게 설명한다.

> 👥 **활동TIP**
>
> **칼림바 조율 및 보관 방법**
> 1. 스마트폰에서 칼림바 튜닝 어플리케이션을 설치함.
> 2. 연주하기 전 음정을 확인하고, 조율 망치로 키(건반)의 위 또는 아래를 쳐서 조율함. 윗부분을 치면 음정이 낮아지고, 아랫부분을 치면 음정이 높아짐.
> 3. 부드러운 천으로 건반과 몸체를 닦아 보관함에 넣어 보관함.

🎵 칼림바의 기본 주법 숙지 및 연습

칼림바는 다장조 음계로 숫자와 음이름이 적힌 17개의 키로 구성되어 있으며 두 손으로 몸체를 감싸 잡고 양손의 엄지만 활용하여 연주한다. 양방향으로 번갈아 가며 음정이 높아지는 구조로 이러한 악기 구조상의 특징 때문에 3도 화음 및 3화음을 연주하기 수월하다. 또한 악보에 키에 해당하는 숫자만 같이 기보한다면 독보력이 부족하더라도 쉽게 연주할 수 있다는 장점이 있다. 칼림바의 주법을 익히기 위한 연습을 통해 다장조의 음계와 3화음 등도 함께 익힐 수 있다.

주법을 익힌 후에는 스윙 리듬을 사용한 스티비 원더의 〈Isn't she lovely〉를 다장조로 편곡하여 연습곡으로 제시한다. 팝이지만 음정과 리듬이 간단하여 학생들이 연주를 즐길 수 있다.

> 👥 **활동TIP**
>
> **3단계 기본 주법 연습**
> 1단계 스케일 연습 : 최저음부터 최고음까지 차례차례 올라가고 내려오기
> 2단계 3도 화음 연습 : 근음+3음으로 이루어진 2개의 음 동시에 연주하기
> 3단계 3화음 연습 : 근음+3음+5음으로 이루어진 3개의 음 동시에 연주하기

[나만의 음악 구상하기]
♬ 2곡의 단계별 평가곡 특징 분석

칼림바의 기본 주법을 익힌 후에는 다양한 곡을 연습할 수 있도록 난이도를 조절하여 단계별로 평가곡을 제시한다. 특히, 칼림바 연주가 음악 수업에서 끝나지 않고 학생들의 삶 속에서 지속하여 즐길 수 있는 좋은 취미 활동이 될 수 있도록 친숙하게 듣고 쉽게 연주할 수 있는 악곡의 선정이 중요하다.

학생들에게 친숙한 애니메이션의 OST인 〈언제나 몇 번이라도〉를 1단계 연주곡으로 선곡하였으며, 박자와 형식이 좀 더 복잡하지만 칼림바 음색에 잘 어울리고 수업이 끝나더라도 계속 연주할 수 있는 서정적인 〈얼음 연못〉을 2단계 연주곡으로 선곡하였다. 시중에 나와 있는 칼림바 교재에 수록된 악보를 활용해도 좋지만, 학생들이 좋아하는 곡을 반영하여 교사가 직접 편곡하였을 때 학생들의 호응이 더욱 좋다. 악보를 제작할 때, 독보력이 부족한 학생들도 악보를 쉽게 읽고 연주할 수 있도록 반드시 칼림바의 키 번호 및 음이름을 함께 기보하도록 한다.

단계별 변화된 음악 요소	0단계 연습곡	1단계 평가곡	2단계 평가곡
♬ 박자의 복잡성 ♬ 리듬의 세분화 ♬ 형식(곡의 길이)	〈Isn't she lovely〉	〈언제나 몇 번이라도〉	〈얼음 연못〉
	4/4박	3/4박	12/8박
	두도막 형식 (16마디)	2부 형식 (32마디)	겹세도막 형식 (70마디)

단계별 악보는 학기 초에 미리 배부한다. 악보를 보며 악곡의 특징을 리듬, 박자, 선율의 흐름, 화성, 빠르기 형식 등 음악 요소로 구별하여 설명한다. 그리고 두 악곡의 특징을 변화된 요소와 함께 비교해보는 과정을

통해 학생들은 단계별로 각 음악 요소들이 어떻게 변화하고 심화되었는지 파악하고, 음악의 특징에 따라 연주할 때 무엇을 유의해야 할지 정확하게 알 수 있다. 악보를 보며 교사가 연주 시범을 보이고, 학생들은 유의해야 할 점을 악보에 표시할 수 있도록 지도한다.

이 프로젝트 수업의 주안점은 학생들이 자기 주도적으로 연습 계획을 세우고 개별적으로 연습 및 평가를 진행한다는 점이다. 학생들의 독보력이나 칼림바 연주 실력의 편차가 크기 때문에 이를 고려하여 단계별 맞춤형 수업을 진행한다. 학생들은 미리 공지된 평가 완료 날짜를 참고하여 주어진 시간 동안 연습해야 할 분량을 계산하여 계획하고 개별적으로 연습을 진행하며, 매시간 교사에게 피드백을 받도록 한다.

연습이 시작되면 학생들의 연습 및 평가 상황이 각기 달라진다. 혼자 연습하는 것이 편안한 학생들이 있는가 하면, 친구들과 함께 모여 연습하는 것을 선호하는 학생들도 있다. 따라서 교실은 각자의 성향에 따라 편하게 이동하여 연습할 수 있도록 허용적인 분위기를 조성한다. 또, 단계별 평가곡의 반주 음원을 학생들에게 공유하여, 수업 시간 및 그 외 시간에도 반주에 맞추어 자기 주도적으로 연주할 수 있도록 하였다. 교사는 프로젝트 수업이 진행되는 매시간 칼림바 연주뿐만 아니라 연습 일정을 함께 피드백하여 칼림바 평가 완료 날짜까지 모든 학생이 평가에 참여할 수 있도록 확인한다.

[새로운 음악으로 도약하기]
♬ 교사 피드백 및 수행평가

교사는 6차시의 프로젝트가 진행되는 동안 학생들이 2단계의 악곡까지 모두 통과할 수 있도록 연습 일정을 조율하며, 학생들은 매 차시 개별적으로 교사에게 피드백을 받거나 평가에 응시할 수 있다. 악곡별 50점, 2단계 평가곡으로 100점 만점의 구성으로 1단계를 통과한 후 2단계를 수행 평가에 응시하도록 하였다. 단계별로 3회씩, 총 6회까지 응시가 가능하고 가장 높은 점수를 최종 점수로 한다.

	언젠가 몇 번이라도 (50)			얼음연못 (50)			총점
	1차	2차	3차	1차	2차	3차	
학생1	50 (5/20)			X (5/27)	30 (6/3)	45 (6/17)	95
	X (5/20)	50 (5/20)			(6/3)	(6/3)	70
	50 (5/20)			50 (5/27)			100
	50			50			100
학생2	X (5/27)	50 (5/27)		15 (6/17)	25 (6/17)	30 (6/17)	80
	35	50					90

	학생1 평가 분석	학생2 평가 분석
응시횟수	총 4회	총 5회
	1단계 1회, 2단계 3회	1단계 2회, 2단계 3회
날짜	5/20, 5/27, 6/3, 6/17	5/27 2회, 6/17 3회,
점수변화	1단계 : 50 2단계 : 포기→30→45	1단계 : 포기→50 2단계 : 15→25→30
총점	최종 95점	최종 80점

[날짜와 점수가 표시된 교사의 채점기준표 및 학생 평가 분석]

중요한 점은 연습 및 평가 환경을 잘 조성하여 되도록 많은 학생이 연습하는 중도에 포기하지 않고 끝까지 연주할 수 있도록 독려해야 한다는 것이다. 포기하지 않고 노력하는 과정에서 성취감과 악기 연주에 대한 자신감을 가질 수 있기 때문이다. 평가를 완료한 학생 중 또래 도우미를 지원한 학생들이 연주에 어려움을 겪는 학생들의 연습을 도울 수 있도록 하여 협업과 합주의 즐거움도 함께 느낄 수 있도록 하였다. 상대평가가 아닌 성취한 정도에 따른 절대평가이므로 다른 학생의 성취를 돕는 일에서 오히려 학생의 자아 존중감을 높일 수 있는 계기라 판단하였다. 또래 도우미 활동은 학교생활기록부의 세부능력 및 특기사항에 기재할 수 있는 중요한 행동 특성이 될 수 있다.

♬ 도전곡 연습 및 교과 관련 독서 활동

학생 맞춤형 수업이기 때문에 악보 해석이 탁월하고 연주 실력이 뛰어난 학생들은 칼림바 연주 수업이 일찍 마무리될 수 있다. 2단계까지 통과하는 시점이 각자 다르므로 다양한 후속 활동을 준비해야 한다. 또래 도우미 활동뿐만 아니라, 3단계 도전곡을 선곡하여 새로운 악곡을 연습할 수 있도록 악보를 준비한다. 또한, 음악실에 다양한 음악 관련 책을 비치하고 독서기록장을 준비해두어 음악 교과 독서 활동과 연계하도록 하였다.

> **활동TIP**
>
> **음악과 독서**
> 학생 맞춤형 수업이라 미리 활동이 마무리되어 수업 시간에 여유가 생기는 학생들은 프로젝트가 종료될 때까지 교과 독서 활동을 할 수 있도록 음악 관련 도서를 비치하고, 독서기록장을 준비함.

4. 채점 기준표 예시

평가 요소 (내용 요소)	총점	채점기준	배점
음악의 구성	35	[기준]에 따라 모두 정확하게 연주함.	35
		[기준]에 따라 정확하게 연주하는 부분이 전체의 0% 이상임. (1~2번의 오류가 있음.)	30
		[기준]에 따라 정확하게 연주하는 부분이 전체의 80% 이상임. (3~4번의 오류가 있음.)	25
		[기준]에 따라 정확하게 연주하는 부분이 전체의 70% 이상임. (5~6번의 오류가 있음.)	20
		[기준]에 따라 정확하게 연주하는 부분이 전체의 60% 이상임. (7~8번의 오류가 있음.)	15
		[기준]에 따라 정확하게 연주하는 부분이 전체의 50% 이상임. (9~10번의 오류가 있음.)	10
		[기준]에 따라 정확하게 연주하는 부분이 전체의 50% 미만임. (10번 이상의 오류가 있음.)	5
	5	[기준] 리듬, 음정, 빠르기의 정확도 ☐ 정확한 리듬으로 연주하는가? ☐ 정확한 음정으로 연주하는가? ☐ 정확한 빠르기로 연주하는가? ☐ 음악의 빠르기(반주)에 맞추어 끝까지 연주하는가?	5
자세와 주법	10	[기준]2가지를 포함하여 연주함.	10
		[기준]1가지를 포함하여 연주함.	5
		[기준]에 적합하지 않음.	0
		[기준] 자세와 주법 ☐ 바른 자세와 주법으로 연주하는가? ☐ 바른 주법으로 연주하는가?	
유의 사항	※ 2단계의 평가곡을 제시하여 1곡당 50점, 총 100점으로 평가함. 　 [1단계] 언제나 몇 번이라도, [2단계] 얼음 연못 ※ '자세와 주법' 평가 요소는 연주의 모습을 전반적으로 관찰하여 평가함.		

5. 학생들의 프로젝트 후기

| 음악 해상도 up | 칼림바의 청아하고 아름다운 음색이 주는 평온함으로 힐링이 되었고, 반주와의 조화를 생각하며 연주했어요.
음악적 감성 역량 UP | 또래도우미로서 도움이 필요한 친구의 연습을 도와주며 음악으로 소통하고 함께 성장하는 기쁨을 알게 되었어요.
음악적 소통 역량 UP | 연주 실력에 따라 연습 진도와 평가일정을 설계하고, 프로젝트 후 활동의 선택권이 주어져 알차게 활동했어요.
자기관리 역량 UP |

( )학년 ( )반 ( )번 이름 ( )

 음악 감상이 일상이 되는 순간
음악, 아는 만큼 들린다!  노현진 선생님

[악기 연주 1]

− for Kalimba −

Isn't she lovely

원곡 Stevie Wonder

※ 연주 시 주의사항 : 템포와 스윙 리듬을 잘 살려서 연주할 것.

우리는 모두 저마다의 능력을 가지고 있습니다.
유일한 차이점은
어떤 사람은 그 능력을 사용하고
어떤 사람은 그 능력을 사용하지 않는다는 것이죠.
− Stevie Wonder−

( )학년 ( )반 ( )번 이름 ( )

음악 감상이 일상이 되는 순간
음악, 아는 만큼 들린다!

노현진
선생님

[악기 연주 2]

- for Kalimba -

언제나 몇 번이라도
(센과 치히로의 행방불명 OST)

악보출처: 유튜브 위키위키|WIKIWIKI

( )학년 ( )반 ( )번 이름 ( )

 자율공립고 북삼고등학교

음악 감상이 일상이 되는 순간
음악, 아는 만큼 들린다!

 노현진 선생님

[악기 연주 3]

− for Kalimba −

얼음연못 (드라마 '궁' OST)

악보출처: 유튜브 위키위키WIKIWIKI

( )학년 ( )반 ( )번 이름 ( )

음악 감상이 일상이 되는 순간
음악, 아는 만큼 들린다!

노현진 선생님

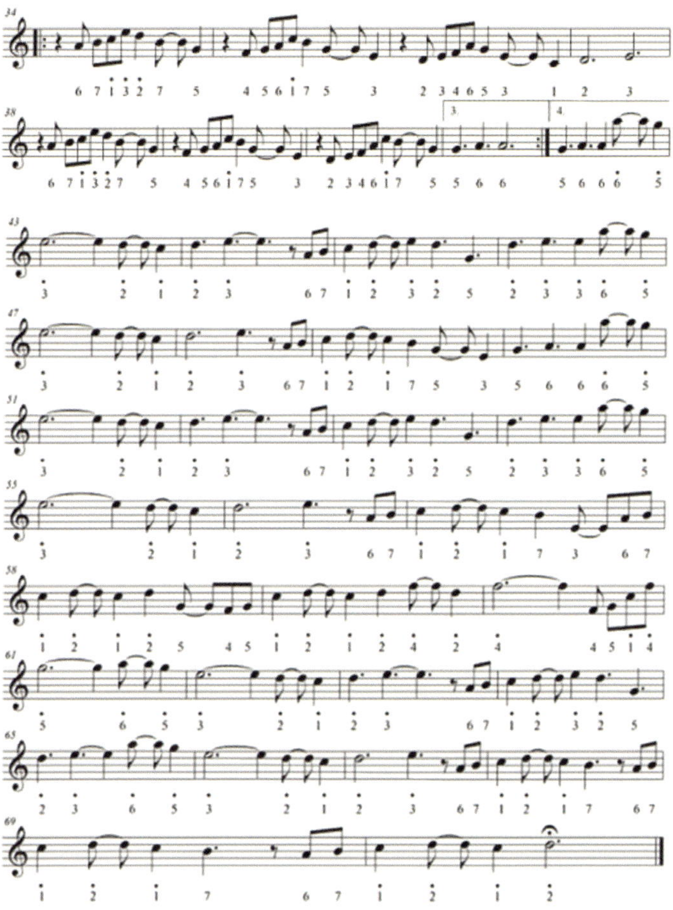

악보출처: 유튜브 위키위키|WIKIWIKI

Picture 2 🎵 우리 반이 함께 만드는 〈Canon in C〉

1. 수업 설계 의도

음악 교과 자기소개서를 분석한 결과 학생들은 음정과 리듬, 형식 등 여러 가지 음악 요소나 개념을 구체적으로 구별하여 설명할 수 없다고 응답하였다. 음악 관련 사교육을 받은 학생들도 주어진 악보를 읽는 것은 가능하지만, 음악을 악보에 기보하거나 새로운 음악을 창작하는 것은 거의 불가능한 상황이었다.

> "악보를 보고 어떤 곡인지 어떻게 알아요?"
> "작곡에 대해 전혀 몰라도 할 수 있어요?"

▶ 리듬감과 음감을 키우는 기초 기능을 익혀 내 안의 음악을 만들어 다 함께 연주를

음악의 구성요소와 개념을 이해하고 악보를 읽는 독보력과 악보를 그릴 수 있는 기보력은 다양한 음악을 경험하고 풍부한 음악 활동을 생활화할 수 있는 전제조건이다. 말을 할 수 있지만 문해력이 없으면 문자를 읽고 쓸 수 없듯이, 음악으로 표현은 할 수 있지만 음악의 구성요소와 개념, 독보력과 기보력을 갖추지 않으면 자유롭게 연주와 창작을 할 수 없으며, 음악에 대한 깊이 있는 이해가 불가능하다. 음악을 읽고 쓸 수 있는 능력, 음악 요소 및 개념에 대한 인지적 이해력을 음악교육학자들은 '음악적 문해력'이라 하며, 이것은 음악을 배우고 즐기기 위한 기본적인 필수 능력이다. 이를 함양하기 위해 창작과 감상, 기악 영역을 포함 융합한 수업을 설계하였다.

| 학생 주도적 수업 요소 | ♪ 캐논을 재해석한 리듬 및 선율 작곡으로 나만의 새로운 음악 창작
♪ 파트 및 변주 순서를 모둠이 자율적으로 결정하여 연주를 완성 |

먼저 바로크 시대의 작곡가 파헬벨의 〈3대의 바이올린과 통주저음을 위한 카논과 지그 라장조〉 감상 수업 및 음악 이론 수업을 통해 캐논 형식 및 통주저음의 화성 진행을 분석한다. 음악 구성요소 및 개념, 기보법을 익힌 후 캐논 주제의 리듬과 선율을 변화시켜 새로운 변주를 만드는 창작 수업을 통해 개별적으로 창작된 변주를 모아 4인으로 구성된 모둠별로 하나의 곡을 완성하여 칼림바로 연주한다. 하나의 주제에 의해 창작된 개개인의 개성 있는 음악들이 하나로 모여 새로운 곡이 되고, 합주를 통해 음악의 조화로움도 경험할 수 있도록 하였다.

2. 교육과정 분석 및 재구성

기존 성취기준	재구조화한 성취기준
[12음01-01] 악곡의 특징을 이해하며 개성 있게 노래 부르거나 악기로 연주한다. [12음01-03] 음악의 구성을 이해하여 음악 작품을 만든다. [12음02-01] 고등학교 수준의 음악 요소와 개념을 구별하여 표현한다.	[12음01-01/01-03/02-01] 고등학교 수준의 음악 요소와 개념을 구별하여 음악 작품을 만들고, 음악의 구성과 악곡의 특징을 이해하며 개성 있게 악기로 연주한다.

프로젝트 목표	파헬벨의 'Canon and Gigue in D major'의 주제 선율로 여러 가지 음악 요소와 개념을 사용하여 2가지의 변주를 창작하고, 모둠별로 변주를 완성하여 캐논의 연주 형식을 이해하며 칼림바로 합주할 수 있다.
음악요소 및 개념	여러 가지 박자의 리듬꼴, 형식, 다양한 소리의 어울림, 종지

프로젝트 흐름에 따른 차시별 수업 활동	해석하기	1~4차시	♪ 여러 가지 음악요소 및 개념, 기보법 학습 ♪ 다양한 박자와 형식의 리듬 창작
	구상하기	5~10차시	♪ 파헬벨의 〈카논과 지그 in D〉 감상 및 분석 ♪ 통주저음 및 다장조 화성의 이해 ♪ 나의 〈Canon in C〉의 제3, 4변주 리듬 및 선율 창작
	도약하기	11~13차시	♪ 우리의 〈Canon in C〉 모둠별 연주 ♪ 악보집 제작 및 새로운 캐논 창작

3. 학생 주도적 프로젝트 수업 실시

[기존의 음악 해석하기]
🎵 음악 기초이론 및 기보법 학습

    수업을 시작하기에 앞서 이번 프로젝트는 음악 요소와 개념(리듬, 선율, 화성, 형식, 빠르기, 셈여림 등), 창작(변주 작곡), 표현(칼림바 연주)까지 연계하여 영역 간 융합 프로젝트 수업임을 설명한다. 프로젝트 수업의 전체적인 흐름을 설명하고, 창작을 위한 준비 과정으로 음악 요소 및 개념을 구별할 수 있는 음악 기초이론 수업을 실시한다. 음표와 쉼표, 박자표, 빠르기, 악보 기보법, 음악의 형식 순서로 진행하며, 이미 잘 알고 있겠지만 기초부터 다시 배운다는 마음가짐으로 수업에 참여하도록 학생들에게 당부하였다. 많은 학생이 독보력을 갖추지 못하고 있으며, 독보력이 있는 학생도 기보를 할 수 있는 능력은 부족했기 때문이다.

    음악은 단순히 즉흥적으로 떠오른 영감으로 처음부터 끝까지 새로운 것들만 나열하여 소리를 만들어 내는 것이 아니다. 새로운 음악적 아이디어가 형식 안에서 다양한 방법으로 응용되고 발전되어 하나의 음악으로 완성된다. 또한 음악의 구조를 이해하고 음악을 감상하게 되면 작곡가가 음악에서 표현하고자 하는 바를 깊이 있게 느낄 수 있게 되므로 음악의 형식에 대한 수업은 무엇보다 중요하게 다루어져야 한다.

♪ 음악의 형식

 음악의 형식 중에서도 가장 중요한 것은 2마디로 이루어진 동기로, 음악을 이루는 중요한 소재이자 주제이다. 음대 작곡과를 진학하기 위한 작곡 실기시험에서도 처음부터 새로운 음악을 만들어 내는 것이 아니라, 주어진 동기로 제시된 형식에 맞추어 음악을 풀어내는 음악성을 확인한다. 동기를 설명할 때 자주 활용하는 부분이 베토벤의 교향곡 5번 〈운명〉 1악장 맨 처음에 나오는 두 마디이다.

 '솔—솔—솔—미♭' 4개의 음표와 2개의 음으로 이루어진 이 두 마디 중 첫 번째 마디(솔—솔—솔)만 연주한 다음 '이것은 음악인가요?'라고 질문하면 학생들은 쉽게 대답하지 못한다.

 이 곡은 음악이며, 어떤 곡의 첫 부분이라고 알려주면 학생들은 오징어 게임부터 징글벨까지 다양한 답변을 낸다. 모두가 정답이 될 수 있지만 교사가 연주한 곡은 그 곡이 아니라고 알려주고 두 번째 마디(솔—솔—솔—미♭)까지 연주한 후 무슨 곡인지 알 수 있는지를 질문하면 그제야 '아~' 하며 학생들이 정답을 이야기한다.

 음이 음악으로서 인식되기 위해서는 최소 2마디가 필요하며, 이를 동기라고 한다. 학생들은 간단한 연주를 통해 1마디와 2마디의 결정적 차이를 알 수 있게 된다.

 '비행기'나 '산토끼' 같은 8마디의 동요를 통해 작은악절, 큰악절을 설명한다. 동기에 대한 설명후 4마디를 작은악절이라 하며, 2개의 작은악절이 모여 하나의 큰악절을 이룬다. 이렇게 최소한 8마디는 갖추어야 하나의 악곡으로 완성된다는 것을 실제 소리를 통해 설명한다. 음악이 완성되는 가장 짧은 단위를 한도막 형식이라 하며 아이들이 처음으로 부르는 동요들이 한도막 형식인 이유도 노래 중에 가장 쉽고 단순하기 때문임을 설명하여 이해를 높인다.

🎵 형식에 따른 리듬 창작

악곡의 형식을 이해한 후에는 2/4박자, 3/4박자, 4/4박자의 리듬을 창작해 본다. 동기, 작은악절(소문자로 표시), 큰악절(대문자로 표시)에 대한 개념의 정확 이해를 돕기 위해 도형을 사용하여 설명한다.

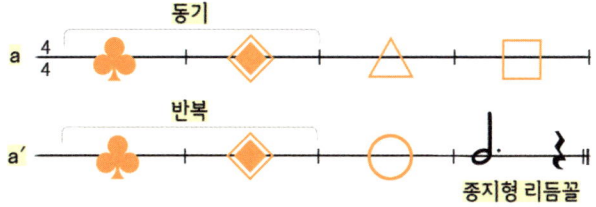

[A(a+a') 형식 설명을 위한 도형 악보]

👥 활동TIP

작곡 시 유의 사항
1. A(a-a') 형식으로 8마디를 작곡할 것.
2. 음이 지속되어 선율을 이루려면 음표를 많이 사용하는 것이 좋으며, 2박 이상의 쉼표 및 종지형 리듬꼴의 사용은 지양함.
3. 종지형 리듬꼴을 설명하고 마지막 마디에 기보함.

교사는 학생들의 작곡 과정을 살펴보며 리듬의 오류를 수정하거나, 개성 있는 리듬을 사용한 부분을 칭찬하는 등 개별 피드백을 실시한다. 학생들이 리듬 창작 과정을 확인하고 먼저 완성한 학생이 다른 학생의 활동을 자발적으로 도울 수 있게 소통하는 분위기를 조성하여, 개별 활동이지만 자연스럽게 협력학습이 이루어질 수 있도록 한다.

[나만의 음악 구상하기]
🎵 파헬벨의 〈카논과 지그 in D〉 감상 및 분석

학생들은 이번 프로젝트에서 유명한 클래식 음악의 일부를 창작하게 된다. 모티브가 될 음악은 바로크 시대의 작곡가인 파헬벨의 〈3대의 바이올린과 통주저음을 위한 카논과 지그 라장조〉이며, 조지 윈스턴의 캐논 변주곡으로 익히 알려진 이 곡은 현대에 이르기까지 다양한 장르의 음악가들에 의해 연주되며 많은 이들에게 사랑을 받고 있다.

통주저음(basso continuo)이란 테오르보, 류트, 비올라 다 감바, 첼로, 쳄발로, 오르간 등의 저음 현악기 또는 건반악기들이 주어진 베이스음 위에 즉흥적으로 화음을 만들어 연주하는 것을 의미한다. 바로크 시대에 자주 쓰이던 연주 형태였으며, 이번 프로젝트의 수업에서도 통주저음 파트를 연주한다.

통주저음에서 동일한 화성 진행이 반복하여 나타나고 하나의 멜로디를 3개의 바이올린이 2마디 간격으로 쫓아가는 돌림노래 형태의 음악이다. 원곡뿐만 아니라 악기를 새롭게 편성하거나 다른 장르로 리메이크하여 연주한 음악도 함께 감상한다. 350여년 전에 작곡된 악곡이 지금까지도 자주 연주되고 사랑받고 있는 이유를 생각해보고 자유롭게 발표하는 시간을 갖는다.

이 곡은 원래 라장조이지만 곡 전체에 임시표가 사용되지 않았다. 그래서 다장조로 전조한다면 반음을 연주할 수 없는 칼림바로도 충분히 곡 전체를 연주할 수 있다는 장점이 변주 창작을 위한 주제곡으로 이 곡을 선곡한 첫 번째 이유이다.

또 다른 선곡 이유는 형식과 화성 진행에 있다. 캐논(canon)은 돌고 돈다는 뜻을 가지고 있으며 'I-V-vi-iii-IV-I-IV-V'로 이루어진 8개의 화성이 4마디에 걸쳐 총 28번 반복하여 나타난다. 이러한 반복된 형태는 음악을 쉽게 이해하고 작곡할 수 있게 한다. 또 클래식뿐만 아니라 현대의 대중음악에서도 통상적으로 사용하는 코드 진행이기 때문에 잘 익혀두면 다른 악곡의 반주에도 응용이 가능한 특징이 있다. 위 코드를 활용하여 작곡한 다양한 노래들을 들려주며 화성 진행의 활용을 알아보는 것도 효과적인 방법이다.

> **활동TIP**
>
> 파헬벨의 카논 주제에 나타난 화성 진행과 동일한 대중음악의 예시
> 1. BTS 'Permission to Dance'
> 2. 자전거 탄 풍경 '너에게 난 나에게 넌'
> 3. CCM '당신은 사랑받기 위해 태어난 사람' 등

원곡의 특징을 분석하고 응용하여 이번 프로젝트에 다음과 같이 적용한다. 먼저 3대의 바이올린과 통주저음의 구성으로 주제 화성진행이 총 28번 반복되던 것을, 3대의 칼림바와 통주저음의 구성과 7번의 주제 화성진행의 반복으로 축소한다. 원곡에서는 긴 음가에서 짧은 음가의 리듬으로 점차 분화되는 형태로 변주하지만, 이번 프로젝트에서는 학생들이 다양한 음악을 창작하도록 새로운 리듬꼴의 변주를 창작하는 것으로 대체한다.

원곡 분석	3대의 바이올린과 통주저음	주제 화성진행 28회 반복	리듬이 분화되는 변주 기법
프로젝트 적용	3대의 칼림바와 통주저음	주제 화성진행 7회 반복	새로운 리듬으로 변주 창작

[원곡의 분석 결과와 프로젝트 적용]

이 곡은 4개의 성부로 진행되기 때문에 4명이 하나의 모둠으로 연주하기 용이하며, 특히 통주저음 파트는 화성만 반복하여 연주하므로, 각 모둠에서 칼림바 연주에 자신감이 없는 학생들이 담당하여 부담없이 연주할 수 있다.

유튜브에서 원곡을 감상할 때, 간혹 4명보다 더 많은 인원이 연주하고 있다면, 바이올린 3대를 제외한 악기는 모두 통주저음 성부에 해당한다고 볼 수 있다.

♬ 통주저음 및 화성의 이해

파헬벨의 〈3대의 바이올린과 통주저음을 위한 카논과 지그 라장조〉는 조표로 올림표 2개가 붙어있다. 따라서 주제 화성을 코드로 바꾼 후, 다장조로 전조한다. 다장조로 전조한 코드의 구성음을 악보에 기입하고 아르페지오로 표현하면 칼림바로 통주저음 파트를 연주할 수 있다. 이 과정에서 학생들은 각 코드의 구성음과 자주 사용되는 코드의 진행을 익힐 수 있다.

〈카논과 지그 라장조〉 주제 화성	I	V	vi	iii	IV	I	IV(ii)	V7
〈카논과 지그 라장조〉 주제 코드	D	A	Bm	F#m	G	D	G(Em)	A7
다장조로 전조한 주제 코드	C	G	Am	Em	F	C	F(Dm)	G7
다장조로 주제 코드의 구성음	도미솔	솔시레	라도미	미솔시	파라도	도미솔	파라도	솔시레

[다장조로의 주제 화성의 전조와 코드의 구성음]

오선보에 그린 구성음을 알아보고 칼림바로 연주한다. 칼림바는 악기의 구조상 코드의 구성음에 해당하는 키들이 나란히 나열되어 있기 때문에 화음을 아르페지오로 연주하기 용이하다. 반복 연주를 통해 음악의 흐름에 익숙해지도록 지도한다.

♪ 나만의 〈Canon in C〉의 제3, 4변주 리듬 창작

음악은 끊임없는 반복과 대비로 이루어진다. 베토벤의 교향곡 5번 〈운명〉 1악장을 악보와 함께 감상하며 첫 2마디의 '운명 동기'가 곡 전체에서 어떻게 반복되어 나타나고 있는지를 살펴본다. 이렇게 리듬과 음정 관계를 조금씩 변형하여 반복하는 작곡기법을 동형진행이라고 하며, 이것은 음악에서 주제를 강조하고 통일성을 주는데 중요한 역할을 한다. 나만의 〈Canon in C〉도 동형진행을 사용하여 창작할 것임을 설명한다.

나만의 〈Canon in C〉는 원곡을 재구성하여 'I-V-vi-iii-IV-I-IV-V'로 구성된 8개의 화성진행이 통주저음에서 7번 반복되는 형태이다. 음악의 흐름은 다음과 같다.

통주저음		1회	2회	3회	4회	5회	6회	7회	
선율의 흐름			주제	제1변주	제2변주	제3변주	제4변주	제5변주	종지
2박 단위 리듬패턴	통주저음		♩	♩ ♩	♫ ♫	학생 창작 부분		♬ ♬	

[통주저음과 선율의 흐름에 따른 2박단위 리듬패턴의 변화]

주제부터 제2변주, 제5변주는 원곡의 선율을 가져와 악보로 제시하고, 제3변주와 제4변주는 학생들이 창작하는 부분이다. 곡의 구조와 리듬을 세분화하는 변주 기법을 이해하여 제3변주와 제4변주 총 8마디를 학생들이 창작할 수 있도록 구성하였다.

8개의 화성은 각각 2박으로, 모두 16박이다. 4/4박자에서 16박은 4마디에 해당하며, 한 마디에 2개의 화성으로 이루어져 있다. 즉 화성이 바뀔 때마다 리듬패턴이 반복되는 구조이며, 이는 2박의 리듬패턴이 총 8번 동형진행 하는 것을 의미한다. 그리고 다음 변주로 이어지면 1/2로 줄어든 음가의 리듬패턴이 반복된다.

주제에서는 2분 음표 하나로 리듬패턴이 동형진행을 했으므로, 제1변주는 2분음표의 박자가 1/2로 줄어든 4분음표 두개로 이루어진 리듬패턴이 동형진행을 하며, 제2변주는 4분음표가 1/2로 줄어든 8분음표 4개로 이루어진 리듬패턴이 동형진행을 한다.

따라서 학생들이 창작한 2박의 리듬패턴은 최소 3개에서 최대 7개까지의 음표들로 구성된다. 왜냐하면 제1, 2변주에는 사용되지 않은 리듬패턴이어야 하며 제5변주 보다는 짧지 않은 음표를 사용하여 선율을 창작해야 하기 때문이다. 2분음표나 4분음표 보다는 같거나 짧은 음표를 사용해야 하고, 16분 음표를 2박동안 계속 사용할 수는 없다. 이러한 조건을 전제로 학생들은 주제, 제1, 2변주에 사용되지 않은 다양한 음표와 쉼표를 사용하여 새로운 2박 리듬패턴을 창작한다.

교사는 학생들이 창작한 리듬패턴을 피드백 할 때 2박에 꼭 맞게 리듬을 만들었는지를 확인한다. 이 외에도 통상적인 음표 기보법에 따라 음표의 꼬리를 붙이거나 붙임줄 등을 사용하여 1박 단위로 음표가 기보될 수 있도록 악보를 수정할 수 있도록 피드백 한다.

[학생이 창작한 2박의 리듬패턴과 교사의 리듬 기보 피드백]

　선율을 창작할 수 있도록 창작한 리듬패턴을 1마디에 2번씩, 8번 반복하여 리듬악보에 그리도록 안내하고 학생들은 미리 작곡한 리듬패턴을 바탕으로 각 화성에 어울리는 선율을 창작한다. 대부분의 학생들은 오선보에 바로 작곡할 수 없기 때문에 리듬악보에 그려진 음표마다 한글로 계이름을 써서 작곡하도록 지도한다. 그리고 각 리듬패턴의 시작점 상단에 화음기호 또는 코드를 쓰도록 한다.

　창작한 선율이 불협화음으로 들리지 않기 위해서는 음표의 개수와 상관없이 첫 음은 화성음을 써야 한다. 그 외 나머지 음들은 화성음과 비화성음을 자유롭게 사용해도 무방하다. 하지만 비화성음을 화성음보다 많이 사용했거나, 비화성음이 도약하는 선율의 시작과 끝점에 위치하면 불협화음처럼 들릴 수 있으니 주의해야 한다. 이 부분은 설명만으로 이해하기 어려울 수 있으니 학생이 창작한 선율을 연주를 통해 들려주고 개별적으로 피드백 하는 것이 좋다.

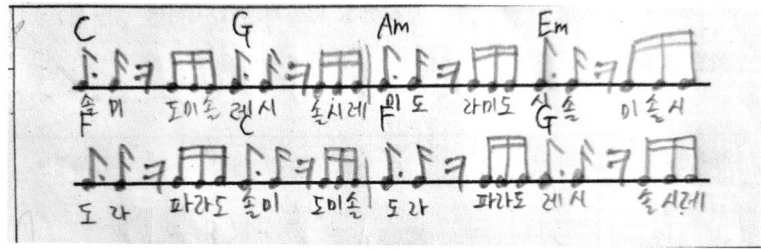

[리듬악보에 계이름으로 선율을 창작한 학생 활동 결과물]

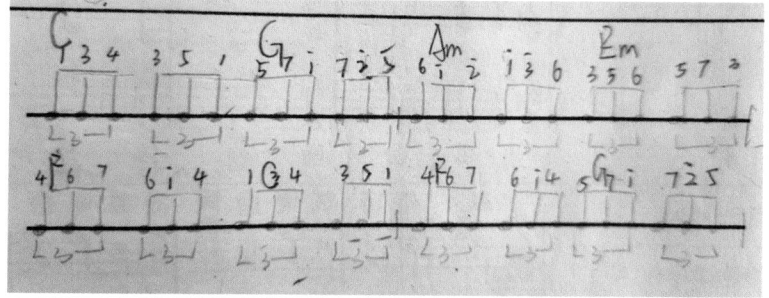

[리듬악보에 칼림바 키의 숫자로 선율을 창작한 학생 활동 결과물]

 이렇게 완성된 첫 번째 화음의 선율을 기준으로 화성이 바뀔 때마다 같은 음정 관계로 동형진행하면 쉽게 변주를 완성할 수 있으며 음악의 통일성도 부여할 수 있다. 마지막으로 교사는 화성 진행 방향에 따라 선율을 옥타브 위로 높여서 연주할지 등을 수정하여 자연스럽게 선율이 흐를 수 있도록 한 번 더 피드백 한다.

[새로운 음악으로 도약하기]
🎵 우리의 <Canon in C> 악보 제작 및 연주

창작이 끝난 나만의 <Canon in C> 선율은 각자 자신의 오선보에 기보하고, 창작한 선율을 학생이 직접 연주하는 것으로 수행평가를 진행한다. 창작의 모든 단계에서 학생의 특성이 드러나는 음악을 만들 수 있도록 피드백을 제공하고, 창작한 선율을 직접 연주하여 창작물에 대한 책임감과 성취감을 느낄 수 있도록 격려한다.

[오선보에 음표와 칼림바 숫자 악보를 기입한 학생 활동 결과물]

변주별 40점씩, 2개의 변주를 새로운 리듬패턴 창작, 강박에 화성음을 사용하여 선율 창작, 동형진행을 사용하여 변주곡 창작, 총 세 가지의 평가요소를 바탕으로 채점하며, 20점은 창작한 변주를 직접 칼림바로 연주하는 것으로 평가한다.

♬ 모둠별 악보 제작 및 합주

수행평가 후 모둠을 구성하여 2개씩 작곡한 총 8개의 변주들을 함께 칼림바로 연주해보고, 개성이 뚜렷하거나 듣기 좋은 선율의 변주 4개를 골라 모둠별로 악보를 제작한다. 통주저음 1명, 칼림바 3명으로 파트를 나누어 연습하고 모둠별로 악보와 합주를 발표한다. 다른 학생의 음악을 감상하고 악보를 비교 분석하는 과정을 통해, 음악의 다양한 요소를 이해하며 감상할 수 있는 음악적 문해력을 높이게 된다. 또한 합주 활동으로 독주가 주는 심리적 압박감과 연습 과정의 부담감을 해소하며, 독주에서 느낄 수 없는 또 다른 연주의 즐거움을 경험하도록 한다.

4. 채점 기준표 예시

평가요소 (내용 요소)	총점	채점기준	변주1	변주2
음악의 구성에 따른 변주 창작	80	[기준] 3가지 포함	☐ (40점)	☐ (40점)
		[기준] 2가지 포함	☐ (30점)	☐ (30점)
		[기준] 1가지 포함	☐ (20점)	☐ (20점)
		변주를 창작하였으나 [기준]과 맞지 않음.	☐ (10점)	☐ (10점)
		[기준] 음악의 구성요소 ☐ 제시된 제1, 2, 5변주에 사용되지 않은 새로운 리듬패턴 창작 ☐ 강박(1, 3박)의 첫 음에 통주저음의 화성에 어울리는 화성음 사용 ☐ 동일한 리듬과 음정 관계의 선율 반복(동형진행)		
칼림바 연주	20	[기준] 2가지 포함		20점
		[기준] 1가지 포함		15점
		연주하였으나 [기준]과 맞지 않음.		10점
		[기준] 칼림바 연주 ☐ 정확한 음정 ☐ 정확한 박자와 리듬		

5. 학생들의 프로젝트 후기

| 음악
해상도
up | 코드와 선율의 이해로 작곡이 어렵지 않았고, 내가 작곡한 선율들이 원곡과 잘 어우러져 연주되는 것이 감동적이었어요.
음악적 감성 역량 UP | 각자 만든 음악이 하나로 이어지고 함께 연주도 가능한 활동을 통해 음악을 매개체로 공감대가 형성되었습니다.
음악적 소통 역량 UP | 처음에는 작곡이 두려웠지만, 내가 직접 작곡을 하고 이를 스스로 연주해냈다는 성취감이 들어 정말 만족스러웠어요.
자기관리 역량 UP |

( )학년 ( )반 ( )번 이름 ( )

 음악이 함께하는 예술적 일상
음악, 아는 만큼 들린다!  노현진 선생님

[음악이론 1]

1. 음표와 쉼표

1) 음표

음표	이름	박자	음표	이름	박자
	온음표				

2) 쉼표

음표	이름	박자	음표	이름	박자
	온음표				

3) 다양한 음표와 쉼표를 사용하여 리듬을 만들어 봅시다.

 4박 = ( ) + ( )
   = ( ) + ( ) + ( )
   = ( ) + ( ) + ( ) + ( )
   = ( ) + ( ) + ( ) + ( ) + ( )

( )학년 ( )반 ( )번 이름 ( )

 음악이 함께하는 예술적 일상
음악, 아는 만큼 들린다!  노현진 선생님

[음악이론 2]

4) 음표와 쉼표 오선보에 그리기
  ① 음표는 셋째 줄(B)부터 위의 음들은 기둥을 아래로 그린다.

2. 마디와 박자표

1) 세로줄과 마디

  ① 세로줄 : 보표 위에 셈여림을 나타내기 위해 그은 줄 (오른쪽 센박, 왼쪽 여린박)
  ② 겹세로줄 : 악곡의 중간에 '조성'이나 '박자'가 바뀔 때, 악곡의 단락을 나타낼 때 사용
  ③ 끝세로줄 : 악곡이 완전히 끝날 때

2) 박자와 박자표

  ① 박자표 : 분수 모양으로, 한 마디 안에 들어있는 박자의 수를 나타낸다.

    4   4분 음표(♩)가 한 마디에 4개   6   8분 음표(♪)가 한 마디 안에 6개
    ─   ─
    4   한 박자 길이의 음표가 ♩   8   한 박자 길이의 음표가 ♪

  ② 모든 박자에서 한 마디를 쉴 때는 박자표와 관계없이 (   )를 쓴다.

( )학년 ( )반 ( )번 이름 ( )

 음악이 함께하는 예술적 일상
음악, 아는 만큼 들린다!  노현진 선생님

[리듬 창작 1]

1. 다양한 리듬 창작

1) (4마디, 4분의 2박자)

_____

2) (4마디, 4분의 3박자)

_____

3) (8마디, 4분의 4박자)

_____

2. 악곡의 형식

1) 악곡의 구성요소

① _____ : (마디) 가락을 이루는 최소단위
② _____ : (마디) 2개의 동기를 이은 것(a, b, c... 등 소문자로 표시)
③ _____ : (마디) 2개의 작은악절을 이은 것(A, B, C... 등 대문자로 표시)
④ _____ : (마디) 2개의 큰악절로 이루어져 있음. 민요나 가곡에 자주 사용

( )학년 ( )반 ( )번 이름 ( )

 음악이 함께하는 예술적 일상
음악, 아는 만큼 들린다!  노현진 선생님

[리듬 창작 2]

1. 한도막형식에 맞게 다양한 리듬을 작곡해 봅시다.

   1) A(a+a'), 4/4박자

   _____

   _____

   2) A(a+b), 3/4박자

   _____

   _____

2. 두도막 형식에 맞게 다양한 리듬을 작곡해 봅시다.

   1) A(a+a') + B(b+b'), 4/4박자

   _____

   _____

   _____

   _____

( )학년 ( )반 ( )번 이름 ( )

 음악이 함께하는 예술적 일상
음악, 아는 만큼 들린다!  노현진 선생님

[리듬 창작 1]

1. 화음(Chord)과 화성(Harmony)

1) 화음(Chord): 높이가 다른 두 개 이상의 음이 동시에 울리는 것
2) 화성(Harmony): 화음이 연결된 것
3) 3화음(Triad): 근음 위에 3도, 5도 음정을 쌓아서 세 개의 음이 동시에 연주되는 것

화음기호:
영문표기:

2. 종지(Cadence)

1) 정격종지★	2) 반종지★
① V – I, V7 – I	① I ~~~ V
② 음악의 최종 목적지	② 음악의 첫 번째 목적지
③ 최상성부의 선율이 '시–도'	③ 잠시 쉬어가는 느낌

3) 위종지(거짓종지)	4) 변격종지(아멘종지)
① V – vi, V7 – vi (정격종지에서 I도 대신 vi를 사용)	① IV – I
② 끝날 듯이 음악을 이어감	② 교회음악(찬송가)의 마지막에 주로 사용
	③ 종지감이 가장 약함

( )학년 ( )반 ( )번 이름 ( )

음악이 함께하는 예술적 일상
음악, 아는 만큼 들린다!

 노현진 선생님

※ 나의 〈Canon in C〉의 악보에서는 2박의 리듬 패턴이 4마디 동안 8번 반복됩니다.
주제, 제1, 2, 5변주의 빈 칸에 2박의 리듬패턴을 그려봅시다.

〈주제〉

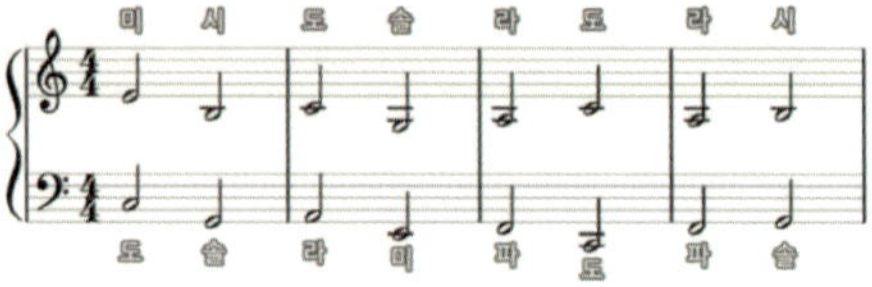

〈제1변주〉

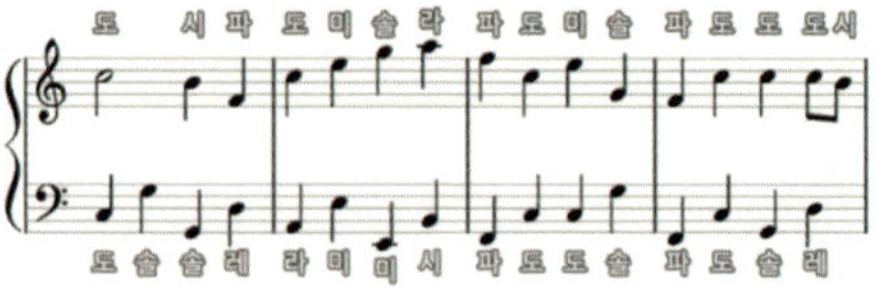

〈제2변주〉

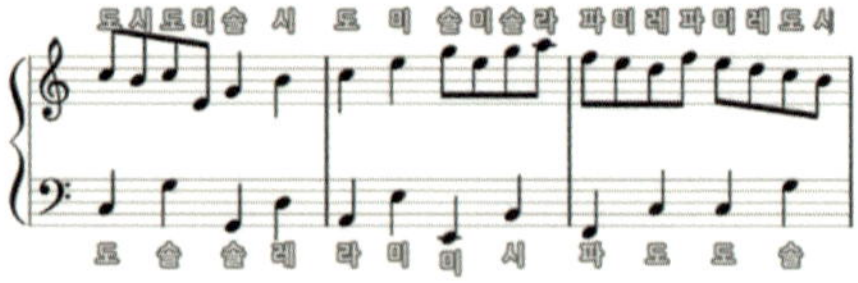

〈제5변주〉

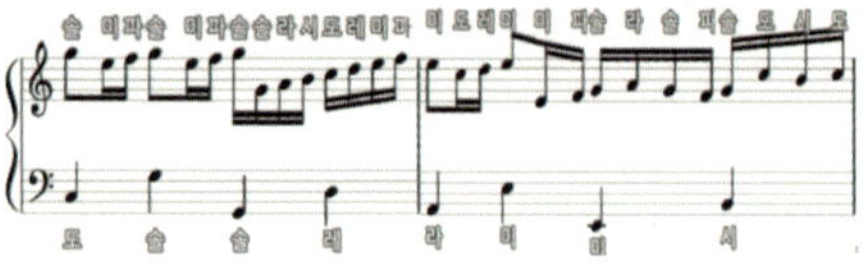

〈종지〉

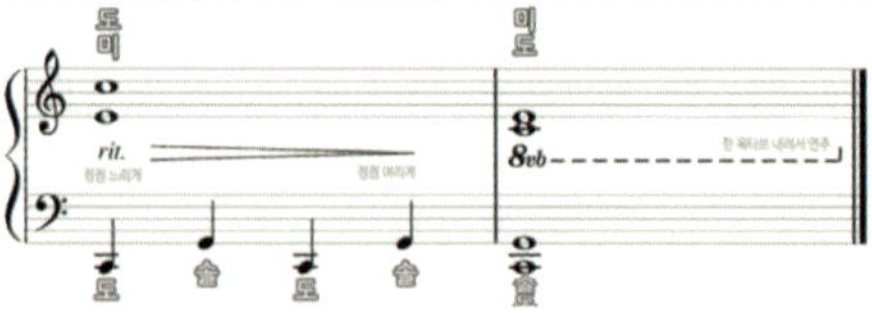

( )학년 ( )반 ( )번 이름 ( )

 음악이 함께하는 예술적 일상
음악, 아는 만큼 들린다!  노현진 선생님

※ 분석 결과를 토대로 곡의 흐름에 어울리는 제3, 4변주에 활용할 리듬 패턴을 창작해 봅시다.

> ★리듬 패턴을 어떻게 만들면 좋을까?
> 1. ① 제1, 2변주에 사용된 음표보다 짧은 음가의 음표나 쉼표를 사용할 것
>   ② 지금까지 사용되지 않은 음표나 쉼표를 활용하여 창작할 것
> 2. 제5변주보다 리듬이 빠르거나 복잡하지 않을 것

〈제3변주〉

| 2박 리듬패턴 | ① | ② |

4
4
계이름:
화음: I (도미솔)   V (솔시레)   vi (라도미)   iii (미솔시)

4
4
계이름:
화음: IV (파라도)   I (도미솔)   II(파라도)/ii(레파라)   V (솔시레)

〈제4변주〉

| 2박 리듬패턴 | ① | ② |

4
4
계이름:
화음: I (도미솔)   V (솔시레)   vi (라도미)   iii (미솔시)

4
4
계이름:
화음: IV (파라도)   I (도미솔)   II(파라도)/ii(레파라)   V (솔시레)

( )학년 ( )반 ( )번 이름 ( )

자율공립고 북삼고등학교

음악이 함께하는 예술적 일상
음악, 아는 만큼 들린다!

 노현진 선생님

[펜리듬 1]

요한 슈트라우스 2세의 '라데츠키 행진곡'에 맞추어 연주해 봅시다.
다양한 리듬을 익혀 리듬 창작에 활용해 보세요.
- 독보법: 다양한 음표로 이루어진 1박 리듬으로 구성되어 있음(1칸=1박)
- 연주법: 왼손(L) 1번-오른손(R) 1번-양손 같이 2번

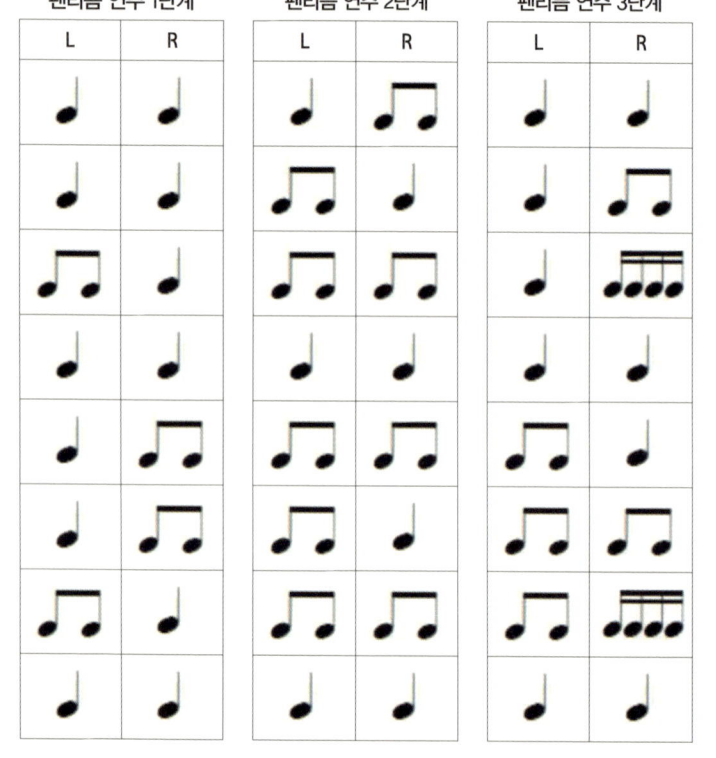

62 음악 해상도를 높이는 학생 주도적 음악 수업 따라잡기

( )학년 ( )반 ( )번 이름 ( )

 음악이 함께하는 예술적 일상
음악, 아는 만큼 들린다!  노현진 선생님

[펜리듬 2]

요한 슈트라우스 2세의 '라데츠키 행진곡'에 맞추어 연주해 봅시다.
다양한 리듬을 익혀 리듬 창작에 활용해 보세요.
- 독보법: 다양한 음표로 이루어진 1박 리듬으로 구성되어 있음(1칸=1박)
- 연주법: 왼손(L) 1번–오른손(R) 1번–양손 같이 2번

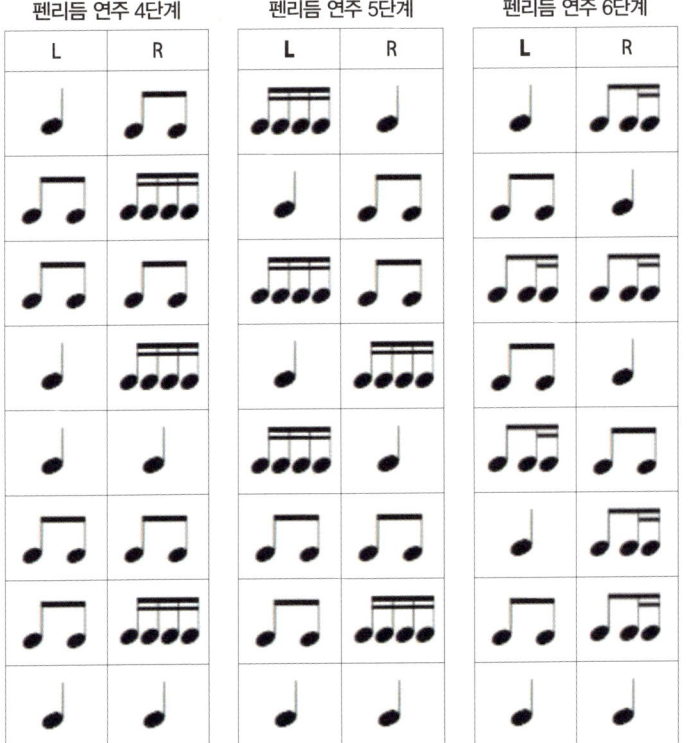

펜리듬 연주 4단계 　 펜리듬 연주 5단계 　 펜리듬 연주 6단계

( )학년 ( )반 ( )번 이름 ( )

 음악이 함께하는 예술적 일상
음악, 아는 만큼 들린다!

[펜리듬 3]

요한 슈트라우스 2세의 '라데츠키 행진곡'에 맞추어 연주해 봅시다.
다양한 리듬을 익혀 리듬 창작에 활용해 보세요.
- 독보법: 다양한 음표로 이루어진 1박 리듬으로 구성되어 있음(1칸=1박)
- 연주법: 왼손(L) 1번-오른손(R) 1번-양손 같이 2번

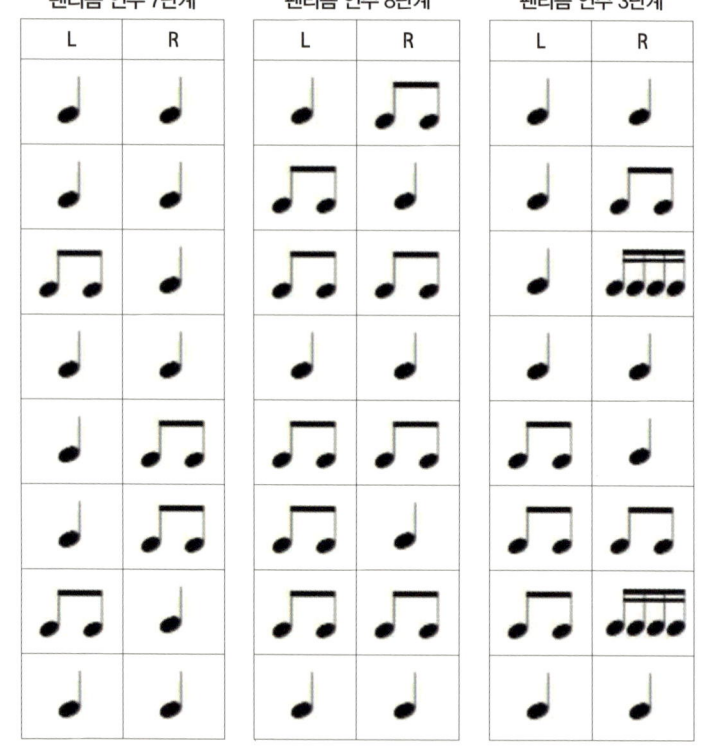

( )학년 ( )반 ( )번 이름 ( )

음악이 함께하는 예술적 일상
음악, 아는 만큼 들린다!

노현진
선생님

[펜리듬 4]

요한 슈트라우스 2세의 '라데츠키 행진곡'에 맞추어 연주해 봅시다.
다양한 리듬을 익혀 리듬 창작에 활용해 보세요.

- 독보법: 다양한 음표로 이루어진 1박 리듬으로 구성되어 있음(1칸=1박)
- 연주법: 왼손(L) 1번-오른손(R) 1번-양손 같이 2번

Picture 3 듀엣 콘서트

1. 수업 설계 의도

 학기 초에 실시하는 음악 교과 자기소개서에는 연주할 수 있는 악기 및 수준, 음악관련 대회 및 공연 참가 경험, 악보를 읽고 쓸 수 있는 독보력 등을 학생들의 자기 진단을 바탕으로 서술한다. 교과 및 영역별 선호도, 음악 장르의 선호도 등에 대한 설문에 응답하고, 학생들의 음악 관련 진학에 대한 고민과 수업에 대한 건의사항도 함께 작성하여 학생 개인별 맞춤형 수업을 위한 기초 자료로 활용한다. 여러 건의사항 중에서도 특히 공개 연주 및 발표, 평가에 대한 두려움과 거부감을 드러내는 내용이 눈에 띄었다.

> "혼자 발표시키지 마세요." "너무 X팔려요."
> "너무 부담스러워요." "가창 수업하지 마요."
> ▶ 혼자가 아니라 여럿이 함께,
> 발표의 두려움이 아니라 콘서트의 설렘을

 많은 사람들 앞에서 원치 않는 독창을 해야 한다는 압박감을 줄여주기 위해 이중창 수업을 설계하였다. 학생들에게 발표와 평가의 부담이 가지 않는 선에서 가창의 즐거움을 느끼도록 하고, 콘서트 분위기의 평가 상황을 조성하여 성공적인 공연의 쾌감을 느낄 수 있도록 수업을 구상하였다.

| Pick | 학생 주도적 수업 요소 | ♪ 모둠원의 장점이 잘 드러나는 음악으로 선곡 후 창의적으로 표현
♪ 지각적 음악 감상 및 비평 연습 후 서·논술형 평가 및 동료평가 실시 |

학생마다 음색, 음역, 선호하는 음악들이 다른 점을 감안하여 모둠원과 함께 둘의 가창 능력과 음색, 특성을 분석하여 장점이 잘 드러날 수 있는 곡을 선곡하고 창의적으로 표현할 수 있도록 하고, 평가는 교사평가와 동료평가를 함께 실시한다.

　특히 타당성 있고 신뢰도 높은 가창 평가를 위해 듀엣 가창을 비교·분석하는 수업과 서·논술형 평가를 실시하여 음악 요소 및 개념을 구분하여 감상할 수 있는 안목을 기르도록 하였다.

2. 교육과정 분석 및 재구성

기존 성취기준	재구조화한 성취기준
[12음01-01] 악곡의 특징을 이해하며 개성 있게 노래 부르거나 악기로 연주한다. [12음01-02] 악곡의 종류에 어울리는 신체표현을 한다. [12음01-05] 바른 자세와 호흡 및 정확한 발음으로 노래 부르거나 악기에 따른 연주법을 익혀 표현한다.	[12음01-01/01-02/01-05] 악곡의 종류와 특징을 이해하며 바른 자세와 호흡 및 정확한 발음으로 개성 있게 노래 부르고, 악곡에 어울리는 신체표현을 한다.

프로젝트 목표	이중창(듀엣)의 특징을 이해하여 바른 자세와 호흡 및 정확한 발음으로 악곡에 어울리는 신체표현과 함께 개성 있게 노래하고, 다른 사람의 음악적 표현을 개방적으로 수용하고 객관적으로 평가할 수 있다.
음악요소 및 개념	여러 가지 화음, 다양한 소리의 어울림, 셈여림의 변화, 여러 가지 음색

프로젝트 흐름에 따른 차시별 주요 활동	해석하기	1~2 차시	♪ 장르별 대표적인 듀엣곡 감상 ♪ 이중창 특징에 따른 음악 흐름 및 형식 분석
	구상하기	3~6 차시	♪ 듀엣 전략 분석(SWOT) 및 선곡 ♪ 선곡한 음악 해석 및 가창 연습
	도약하기	7~8 차시	♪ 지각적 음악 감상 및 비평 서·논술형 평가 실시 ♪ 듀엣 콘서트 및 가창 동료 평가, 소감 나눔

3. 학생 주도적 프로젝트 수업 실시

[기존의 음악 해석하기]
🎵 **장르별 대표적인 듀엣곡 감상**

가창 수업은 까다롭다. 학생들은 모두 다른 음색과 음역, 음악적 취향을 가지고 있으므로 수많은 음악 중에서 모든 학생의 흥미와 개개인의 특성을 반영하는 음악을 선곡하는 것부터 쉽지 않다. 그리고 수업 시간에 다 같이 큰 목소리로 즐겁게 노래를 부르게 하는 일은 더욱 어려워졌다. 이러한 편견을 깨고 많은 학생이 즐겁게 노래를 부르고 자신감 있게 발표할 수 있는 새로운 유형의 수업을 고민하게 되었다.

듀엣 콘서트는 자신과 파트너의 음악적 취향과 특성을 살린 음악을 선곡하는 것부터 시작하여 파트를 나누고 무대를 구상하여 발표하는 것까지 좋은 연주를 할 수 있도록 학생의 선택권이 보장되는 것이 특징인 수업이다.

먼저 1차시에는 오페라, 뮤지컬, 팝 등의 장르와, 남성 듀엣, 여성 듀엣, 혼성 듀엣 등의 형태를 가진 음악을 감상한다. 감상곡 또는 그 외 듀엣으로 연주하는 음악 중 생각나는 곡을 골라 가사나 악보, 연주하는 영상을 검색해보고, 그 영상을 보며 여러 가지 음악 요소 및 개념을 구별하여 분석하는 수업을 진행한다.

> 👥 **활동TIP**
>
> 수업에 활용한 감상곡 예시
> 1. 오페라 : 〈라 트라비아타〉중 '축배의 노래', 〈라크메〉중 '꽃의 이중창'
> 2. 뮤지컬 : 〈빨래〉중 '슬플 땐 빨래를 해', 〈킹키부츠〉중 'Not my father's son'
>   〈그리스〉 중 'Summer nights'
> 3. K-POP : 싸이, '어땠을까(Feat. IU)', 우원재, '시차(We Are)(Feat. 로꼬 & GRAY)'
> 4. 그 외 : 〈알라딘〉중 'A whole new world', Lady Gaga & Bradley Cooper 'Shallow'

🎵 듀엣 특징에 따른 음악의 흐름 및 구성 분석

지각적 음악 감상이란 음악을 형성하고 있는 표현적 요소의 특징과 원리를 파악하며 감상하는 것을 의미한다. 모둠의 장점이 잘 드러날 수 있는 최선의 가창곡을 선곡하고, 다른 학생들의 가창을 객관적으로 평가하기 위해 지각적 음악 감상은 꼭 필요한 수업이다. 음악이 어떻게 구성되어 있고 어떤 흐름으로 흘러가는지 음악의 특징은 무엇이며 어떻게 연주해야 효과적인지 등을 살펴보고 의견을 나눠보는 시간을 갖는다.

가창 수행평가는 교사평가와 동료평가를 병행한다. 교사는 교과의 전문성을 바탕으로 가창을 평가할 수 있는 역량을 이미 갖추고 있지만 학생들은 그렇지 않다. 동료평가를 실시하겠다고 했을 때 적극적으로 찬성하는 학생이 있는 반면 스스로의 가창 평가 능력을 불신하는 학생도 많았다. '선생님은 음악 선생님이시잖아요?'라는 학생도 있고, '모두 다 다른 노래를 부르는데 어떻게 평가해요? 라는 학생도 있었다. 그럴 때마다 '평가 기준에 따라 평가하는 법을 연습하면 누구나 할 수 있다'라고 답해주었다.

TV 속 수많은 각종 보컬 오디션 프로그램의 심사위원은 모두 다른 조건을 가지고 개인의 장점을 극대화 한 많은 출연자들을 심사한다. 그럼에도 불구하고 심사가 가능한 이유는 결국 가창의 본질을 꿰뚫어 보는 능력이 있기 때문이다. 이를 토대로 오랜 기간 축적된 경험과 자신만의 잣대와 취향을 바탕으로 좋은 보컬을 가려낼 수 있는 것이다.

학교 수업에서의 가창 평가는 비슷하지만 다르다. 본질을 꿰뚫어 볼 수 있는 능력은 필요하지만 평가 요소에 근거하여 타당성 있게 평가하고, 누가 채점하더라도 결과가 일관된 신뢰도 높은 평가가 이루어져야 한다. 따라서 평가 경험이 많지 않더라도 타당성과 신뢰도가 확보된 채점기준표를 활용한다면 연습을 통해 누구나 객관적인 평가를 할 수 있다. 이러한 수업과 평가의 연장선상에서 가창 평가를 실시하기 전에 서·논술형 평가를 실시한다.

> **활동TIP**
>
> **음악의 흐름 및 구성 분석 예시**
> 1. 이 곡에서 듀엣의 파트를 나누는 기준은 무엇인가? 선율인가 가사인가?
> 2. 음악의 어떤 부분에서 중창이 이루어지는가?
>   화음으로 연주하는가? 같은 선율로 연주하는가?
> 3. 파트너의 성별, 음역, 음색 등에 따라 어떤 음악을 선곡하는 것이 좋을까?

♬ 서·논술형 평가 실시

서·논술형 평가는 같은 곡을 다른 버전으로 편곡하여 듀엣으로 부르는 2개의 영상을 보고, 여러 가지 음악 요소를 비교하여 분석하는 문항으로 출제한다. 특히 학생들이 작성해야 할 내용이 가창평가의 평가요소와 일치하도록 하여 서·논술형 평가를 통해 학생들의 음악 역량을 강화하고,

학생들의 가창 동료평가의 신뢰도를 높이도록 하였다.

서술할 내용과 조건을 구체적으로 제시하고, 외워야할 내용을 문항정보로 제공하여 확장형 사고와 적용력을 평가한다. 모든 학생이 다른 답안을 작성하는 열린 평가 문항이므로 교과 전문가의 주관적 판단에 근거하여 평가하고, 구체적으로 피드백 내용을 작성하여 학생에게 줄 수 있도록 한다.

[나만의 음악 구상하기]

🎵 듀엣 전략 분석(SWOT) 및 선곡

듀엣의 파트너를 선정하는 일은 학생들에게 민감한 일이다. 친한 친구와 하고 싶은 학생도 있고 노래를 잘하는 친구와 하고 싶은 학생도 있다. 물론 파트너의 가창력이 활동에 영향을 전혀 미치지 않는 것은 아니지만 개별 평가를 원칙으로 한다. 모둠원 각자의 장점을 살릴 수 있는 선곡부터 수업 활동이 진행되므로 파트너는 무작위로 추첨하여 정하도록 학생들과 합의하였다. 오히려 예상치 못한 조합으로 새로운 음악을 접하고 노래할 수 있는 기회가 생기기 때문이다.

[듀엣 활동 사전준비를 위한 SWOT 분석 학생 활동지]

서로 다른 음악적 취향과 음역, 음색을 가진 두 학생이 만들어 낼 수 있는 최고의 하모니를 위해 SWOT 활동지를 활용하여 모둠의 가창력을 분석한다. 자신과 파트너의 가창력의 강점과 약점을 분석해보고, 어떤 음악을 선곡하는 것이 좋은지 탐색하고 선곡하는 과정을 거친다.

선곡 과정에서 어려움을 겪는 모둠이 생기면 교사가 개입하여 피드백을 제공한다. 어떤 곡을 해야 할지 전혀 갈피를 못 잡는 경우에는 먼저 여러 장르의 곡을 들어 보도록 조언을 한다. 장르마다 주로 사용하는 발성법이 다르기 때문이다. 여러 후보곡 중 하나를 결정하지 못하고 있는 경우는 일단 2곡으로 추려서 둘 다 연습할 수 있도록 피드백을 한다. 간단히 3도나 6도 화음을 만들 수 있는 모둠은 듀엣을 위해 창작된 곡이 아니라도 선곡할 수 있으며, 모둠별로 가능한 만큼 성부를 나누어 불러도 좋다.

♬ 악곡 분석 및 가창 연습

모둠별로 선곡을 완료한 후에는 가사, 선율, 화음 등 가창으로 표현할 수 있는 음악 요소들을 좀 더 구체적으로 분석하고 연습을 실시한다. 모둠들은 차시별 1~2회씩은 교사의 피드백을 받도록 하여 교사가 연습의 진행상황을 점검한다.

듀엣 가창을 지도할 때는 학생들이 가진 목소리의 특징을 잘 파악한다. 각자의 개성은 살리되, 파트너와 소리의 어울림을 고려하여 노래하도록 지도한다. 또한 음악이 내포한 감정을 자유롭게 표현할 수 있도록 격려하며, 필요하다면 연기나 소품 활용, 안무 등으로 모둠의 개성과 창의성을 마음껏 표현할 수 있도록 안내한다.

[새로운 음악으로 **도**약하기]
🎵 듀엣 콘서트 및 가창 동료평가, 소감 나눔

듀엣 콘서트라는 제목의 배경과 함께 소형 마이크와 앰프를 사용하고 조명을 조절한다. 음악실의 전면을 무대처럼 꾸며 콘서트 같은 분위기를 조성하여 가창 수행평가 및 동료평가를 실시한다. 듀엣 가창이지만 개별 평가를 원칙으로 하며, 관객석에 앉은 학생들은 모둠별 노래를 듣고 주어진 채점 기준표에 따라 채점한다.

교사와 학생이 함께 듀엣 수행평가를 채점할 것임을 사전에 공지하고, 평가 계획 및 채점 기준표를 수립할 때 학생들의 의견을 종합하여 반영한다. 이를 위해 평가 요소 및 채점 기준의 틀은 교사가 미리 수립하고, 학생들과 토의를 통해 평가 요소 및 항목을 재정의하고 세부적인 기준을 수정하는 과정을 거친다. 특히 '우수하다', '잘했다'의 기준은 개인마다 다르므로 지양하고, 연주 장면을 보고 가창을 직접 들어서 확인할 수 있는 구체적인 설명과 숫자의 개념으로 항목을 서술하여 채점자간 신뢰도가 높은 채점 기준표를 제작한다. 또한 교사와 학생의 평가점수를 어느 정도의 비율로 반영하고, 어떻게 합산할지에 대한 토의도 필요하다. 학생들과 함께 최종점수 산출방법을 정한 후 이를 반영하여 채점 기준표를 완성한다. 이렇게 완성한 채점 기준표는 프로젝트가 시작될 때 미리 배부하고 이를 토대로 연습하며, 평가 연습도 진행한다.

수행평가를 실시하기 전 동료 평가지를 배부하고, 채점 시 유의해야 할 항목에 대해 설명한다. 그리고 점수를 부여하는 기준 등을 다시 한 번 안내하여 정확한 평가가 이루어 질 수 있도록 한다. 모둠별로 발표를 하는 동안 채점이 완료될 수 있도록 안내하고 포털사이트의 설문조사 기능을 활용해 모둠별 발표가 끝나면 점수를 즉시 전송하도록 한다. 모든 평가가 끝나면 심사평가지를 교사가 회수하여 평가 전후의 외부 요인이 점수에 영향을 줄 수 없도록 강조한다.

> **활동TIP**
>
> 학생들과 함께 만든 가창 수행평가 최종점수 산출 방법
> 1. 교사와 학생의 점수 합산 비율: 교사평가 70%, 학생의 동료평가 30%
> 2. 동료평가 점수 산출방법
>   – 최고점과 최저점을 제외한 총점의 평균을 소수 첫째자리에서 반올림한 정수
> 3. 최종 점수 산출방법
>   – 교사와 학생의 점수를 비율에 따라 합산한 점수가 채점 기준표에 없는 경우, 바로 다음에 나오는 높은 급간의 점수로 올려서 최종점수를 부여함.

평가가 끝난 학생의 동료평가 점수는 최고점과 최저점을 제외한 합계의 평균을 소수 첫째자리에서 반올림하여 정수로 산출된다. 수업과 서·논술형평가, 가창 모의평가로 충분히 연습이 된 경우에는 교사와 학생 간, 학생과 학생 간 점수의 차이가 거의 나지 않는다. 간혹 점수의 차이가 많이 나는 팀이나 학생이 있다면 촬영한 동영상을 토대로 교사가 재평가를 하고 재평가한 이유와 변경된 내용을 학생들에게 공지한다.

교사의 점수와 학생의 점수를 정해진 비율에 따라 산출했는데 해당 점수가 채점 기준표에 급간에 없는 경우에는 다음 급간의 점수로 올려 최종점수를 부여하였다. 예를 들어 82점이라면 5점 급간의 채점 기준표에 따라 85점으로 부여한다. 반올림하여 80점으로 부여하자는 학생의 의견도 있었지만 이미 획득한 점수를 깎는 것은 오히려 부당하다는 학생들의 의견을 반영하여 올림으로 결정하였다. 또 간혹 교우관계의 영향으로 평가에 객관성을 잃거나 진지한 태도로 임하지 않은 학생은 나머지 10점의 점수에서 태도를 반영할 수 있도록 한다.

대부분의 학생들은 수업에서 평가까지 하나의 공연을 준비하는 것 같은 기분이었다며 프로젝트 활동에 만족감을 표현했다. 오디션 프로그램에서 보던 심사위원들처럼 기준에 따라 평가해보니 음악을 깊이 있게 이해하고 감상할 수 있는 안목이 생긴 것 같다고 소감을 말했다.

4. 채점 기준표
[서·논술형 평가 문항 예시]

1. 들려주는 음악을 듣고 다음을 서술하시오. (50점)

〈Highschool Musical1〉 O.S.T. 'What I've Been Looking For'
ver.1 Troy&Gabriella / ver.2 Ryan&Sharpay

1-(1). 두 음악을 듣고, 음악적 표현 내용 중 2가지를 선택하여 두 음악에서 어떻게 표현하였는지 각각 구별하여 설명하시오.

음악적 표현 내용 요소	□ 가창기초기능 : 호흡, 발성, 성량 등 □ 음악적 표현 : 음정, 리듬, 빠르기, 셈여림, 반주의 특징, 화음의 어울림, 코러스 등

1-(2). 두 음악을 듣고, 음악 외적 표현 내용 중 2가지를 선택하여 두 음악에서 어떻게 표현하였는지 각각 구별하여 설명하시오.

음악 외적 표현 내용 요소	□ 창의적 표현 : 음악 외적 요소(미술, 연극, 무용 등)의 표현 및 조화 □ 참여 및 태도 : 연주에 임하는 진지한 태도, 음악에 대한 몰입도, 무대 예절 등

[서·논술형 평가 채점 기준표]

평가요소 (내용 요소)	채점기준	문항 1-(1)	문항 1-(2)	문항 2-(1)	문항 2-(2)
음악에 사용된 다양한 요소들을 구별하여 설명하기 (음악 요소 및 개념)	2가지 이상의 [기준]을 포함하여 두 곡을 모두 비교하여 분석함. (총 4가지 내용을 정확하게 서술)	☐ (25점)	☐ (25점)	☐ (25점)	☐ (25점)
	[기준] 2가지를 포함하여 두 곡을 비교하여 분석하였으나, 내용에 오류가 하나 있음. (총 3가지 내용을 정확하게 서술)	☐ (20점)	☐ (20점)	☐ (20점)	☐ (20점)
	[기준] 2가지를 포함하여 한 곡을 분석하여 서술함. (총 2가지 내용을 정확하게 서술)	☐ (15점)	☐ (15점)	☐ (15점)	☐ (15점)
	[기준] 1가지를 포함하여 두 곡을 분석하여 서술함. (총 2가지 내용을 정확하게 서술)				
	[기준] 1가지를 포함하여 한 곡을 분석하여 서술함. (총 1가지를 정확하게 서술)	☐ (10점)	☐ (10점)	☐ (10점)	☐ (10점)
	분석하였으나, 모두 정확하지 않음.	☐ (5점)	☐ (5점)	☐ (5점)	☐ (5점)

[문항 1-(1), 2-(1) 기준] 음악적 요소
▫ 가창기초기능: 호흡, 발성, 성량 등
▫ 음악적 표현: 음정, 리듬, 빠르기, 셈여림, 반주의 리듬패턴, 화음의 어울림, 코러스 등

[문항 1-(2), 2-(2) 기준] 음악외적 요소
▫ 창의적 표현: 음악 외적 요소(미술, 연극, 무용 등)의 표현 및 조화
▫ 참여 및 태도: 공연 예절, 음악에 대한 몰입도, 연주에 임하는 진지한 태도 등

[가창 수행평가 채점 기준표]

평가요소		채점 기준	배점
음악적 요소 (75)	가창 기초 기능 (35)	[기준] 3가지를 포함하여 표현함.	35
		[기준] 2가지를 포함하여 표현함.	30
		[기준] 1가지를 포함하여 표현함.	25
		노래 했으나 기준에 해당하는 것이 없음.	20
		[기준] 가창 기초기능 ▫ 안정된 호흡 ▫ 올바른 발성 ▫ 충분한 성량	
	음악적 표현 (40)	[기준] 4가지를 포함하여 표현함.	40
		[기준] 3가지를 포함하여 표현함.	35
		[기준] 2가지를 포함하여 표현함.	30
		[기준] 1가지를 포함하여 표현함.	25
		노래 했으나 기준에 해당하는 것이 없음.	20
		[기준] 음악적 표현 ▫ 정확한 음정 ▫ 정확한 리듬과 빠르기 ▫ 화음의 어울림 ▫ 셈여림과 곡의 특징에 어울리는 악상	
음악 외적 요소 (25)	창의적 표현 (15)	[기준] 3~4가지를 포함하여 표현함.	15
		[기준] 1~2가지를 포함하여 표현함.	10
		표현하였으나 음악에 전혀 어울리지 않음.	5
		[기준] 창의적 표현 ▫ 음악과 어울리는 미술적 요소 : 의상, 소품 등 ▫ 음악과 어울리는 연극적 요소 : 감정 표현을 위한 연기 등 ▫ 음악과 어울리는 무용적 요소 : 간단한 안무 등 ▫ 그 외 음악에 어울리는 다양한 음악 외적 요소	
	참여 및 태도 (10)	[기준] 2가지에 해당함.	10
		[기준] 1가지에 해당함.	5
		전 과정에 참여하지 않음.	0
		[기준] 참여 및 태도 ▫ 진지한 태도로 모둠 가창 활동 및 발표에 적극적으로 참여함. ▫ 진지하고 객관적인 태도로 동료평가를 실시함.	

5. 학생들의 프로젝트 후기

| 음악 해상도 up | 두 사람의 목소리의 어울림이 주는 아름다움을 느끼며, 우리가 직접 선곡한 노래를 창의적으로 표현했어요!
음악적 감성 역량 UP | 음악적 표현에 대한 서로 다른 의견을 수용하고 조정하며 노래를 완성하기 위해 파트너와 활발히 소통했어요.
음악적 소통 역량 UP | 음악을 고르는 과정에서 나의 음악 정체성을 알게 되었고 연습부터 평가까지 주도권을 가지고 참여할 수 있었어요.
자기관리 역량 UP |

Chapter1. 수업 결과

Present 수업 결과(현재 상태)	음악 해상도 UP  수업 효과(핵심 역량)
가창, 기악, 창작 활동을 통해 음악의 특징, 아름다움과 가치를 이해하고, 창의력을 발휘하여 자신의 생각을 표현함.	다양한 음악적 표현을 개방적인 태도로 수용할 수 있고, 음악을 깊이 있게 이해함. **음악적 감성 역량 UP**
자신의 생각과 느낌을 음악으로 표현하고, 원활한 소통을 통해 모둠이 함께 음악을 만들어 완성하고 연주함.	다른 사람의 음악적 표현 및 의견을 효율적으로 조정하고 협업함. **음악적 소통 역량 UP**
학생 개인의 음악성을 고려한 맞춤형 가창 및 기악 수업으로 음악적 표현과 학습을 자기 주도적으로 실시함.	표현력과 감수성을 함양하여 자아 정체성을 형성하고, 음악적인 삶을 주도함. **자기관리 역량 UP**

(   )학년 (   )반 (   )번 이름 (   )

 음악이 함께하는 예술적 일상
음악, 아는 만큼 들린다!  노현진 선생님

[Duet Concert를 위한 사전 준비]

1. 팀명:
2. 팀원(학번/이름 기재):
3. 팀원 가창력 SWOT 분석

이름:

		내부	
		강점(S)	약점(W)
외부	기회(O)	적극 어필 (강점x기회)	약점 강화 (약점x기회)
	위협(T)	차별화 (강점x위협)	방어/철수 (약점x위협)

이름:

		내부	
		강점(S)	약점(W)
외부	기회(O)	적극 어필 (강점x기회)	약점 강화 (약점x기회)
	위협(T)	차별화 (강점x위협)	방어/철수 (약점x위협)

4. 선곡
  1) 곡명:
  2) 아티스트:
  3) 음악의 특징
  4) 선곡이유 (가창력 분석+선곡한 음악의 특징)

CHAPTER2. 감상 영역

음악가의 영감을 느끼다

CHAPTER 1. 수업 개요

'음악가의 영감을 느끼다.'는 감상 영역의 프로젝트 수업이다. 음악 요소와 개념을 알고 연주 형태에 따른 음악의 종류 및 역사·문화적 배경을 파악한다. 이를 통해 음악에 대한 이해와 안목을 넓혀 음악적 감성 역량, 자기관리 역량, 음악 정보 처리 역량을 기를 수 있도록 수업을 계획하였다.

> 🎵 **지각적 음악 감상과 갤러리 워크를 주제로 한 클래식 음악 감상 수업**
>
> 각 시대별 서양 음악을 사회·문화적 역할과 기능을 이해하며 감상하는 활동을 통해 음악 이해의 폭을 넓힌다. 바로크 시대와 고전파 시대의 음악은 당시 사람들의 삶의 모습과 문화를 담고 있다. 각 시대별 음악의 공통적인 특징을 분석하여 지각적 음악 감상이 이루어지도록 하였다. 낭만파 시대 이후부터는 작곡가 개인의 개성이 두드러지므로, 모둠별로 작곡가를 선택하여 조사하고 갤러리 워크를 활용하여 자기 주도적으로 음악을 감상할 수 있도록 수업을 설계하고, 작곡가 및 작품 탐구보고서 등 서·논술형 평가를 통해 감상 활동에 깊이를 더했다.

♪ '나의 인생곡을 소개합니다.'를 주제로 한 발표 및 음악 공유 수업

학생 스스로 자신의 음악적 삶에 대해 돌아보고 자신에게 의미가 있는 곡을 선곡하여 발표하고 음악을 공유하는 수업이다. 고등학교 수준에 맞는 음악 감상 경험을 제공하고, 다양한 종류의 음악을 균형 있게 감상할 수 있는 계기를 마련하고자 했다. 더불어 다른 학생들의 음악적인 취향을 알아봄으로써 타인에 대한 이해가 높아질 수 있다.

CHAPTER 2. 수업 설계

활동	Picture 수업 주제	Pixel 성취 기준	Pick 학생 주도형 수업을 위한 선택 요소	수업의 흐름		
				기존의 음악 **해**석하기	나만의 음악 **구**상하기	새로운 음악으로 **도**약하기
감상 / 주제 탐구	지각적 음악 감상과 갤러리 워크	[10차시] 02-02 02-03	• 음악 감상노트에 자율적으로 작성 • 음악 감상노트로 오픈 북 서논술형 평가 실시 • 모둠별로 작곡가를 자유롭게 선택, 작곡가 및 대표 2곡을 조사한 후 갤러리 워크를 활용한 감상	• 시대별 역사 문화적 배경 및 음악의 공통적특징 탐구 • 작곡가별 대표곡 음악 감상	• 갤러리 워크 활동 방법 안내 • 낭만파 이후의 작곡가 선정 후 대표곡 감상 및 분석, 특징 조사	• 갤러리 워크를 활용한 지각적 음악 감상 • 새롭게 알게 된 음악가 및 음악특징 정리
발표 / 음악 공유	나의 인생곡을 소개합니다	[6차시] 02-01 02-02	• 나의 삶에 영향을 준 다양한 장르의 음악을 직접 선곡 • 선곡한 이유를 자신만의 기준을 바탕으로 음악적으로 해석	• 교사의 인생곡 예시자료 설명 • 발표자료 제작 플랫폼 사용 안내	• 개인별 인생곡 선정 및 선곡 이유 분석 • 발표 자료 제작	• 인생곡 발표 • 다른 학생의 곡 감상 및 플레이리스트 확장

Picture 4 🎧 지각적 음악 감상과 갤러리 워크

1. 수업 설계 의도

학생들의 음악 선호도를 조사한 결과 현재 유행하는 대중음악 또는 이지 리스닝 장르를 주로 감상하는 학생들이 많았다. 그 중 클래식은 선호하지 않는 장르 중 하나이고, 그 이유도 다양했다.

> "제목도 어렵고 작곡가 이름도 생소해요."
> "복잡하고 길어요.", "왜 들어야 해요?." ▶ 역사의 흐름 속에서 음악을 감상하고 음악의 사회·문화적 역할과 기능 이해하기

시대의 역사·문화적 배경의 이해를 바탕으로 바로크 시대부터 근·현대까지 음악을 깊이 있게 다루어 학생 스스로 클래식 음악을 감상할 수 있는 안목과 역량을 기르고 클래식 감상을 생활화 하는 것을 목표로 한다. 시대적 상황과 음악의 발전 양상을 바탕으로 음악을 감상하고, 음악의 사회·문화적 역할과 기능을 이해하며, 자기 주도적 음악 감상 활동을 통해 학생들은 클래식 음악 감상의 이유를 스스로 찾을 수 있을 것이다.

 | 학생 주도적 수업 요소 | 🎵 자율적으로 작성한 음악감상노트를 오픈북 서·논술형평가 자료로 활용
🎵 갤러리 워크 활동을 위한 작곡가 자유 선택

시대별 음악의 공통적 특징이 두드러지는 바로크와 고전파 시대의 음악은 시대를 대표하는 작곡가 6인의 음악을 감상하고 음악의 공통적 특징을 분석한다. 감상곡별로 작곡가, 제목, 연주형태(악기편성), 음악의 특

징, 느낀 점을 작성한다. 교사의 수업을 듣고 알게 된 내용뿐만 아니라, 학생 개인별로 추가 조사한 내용을 재구성하여 작성할 수 있다. 이렇게 작성한 음악 감상노트는 오픈북 형태의 서·논술형 평가에 활용한다.

낭만파 시대의 음악부터는 시대의 공통적인 음악적 특징 보다 작곡가 개개인의 개성이 두드러진다. 갤러리 워크 활동을 활용하여 작곡가별로 대표적인 악곡을 조사하여 발표하는 수업을 진행한다.

2. 교육과정 분석 및 재구성

기존 성취기준	재구조화한 성취기준
[12음02-02] 다양한 종류의 음악을 듣고 음악의 특징을 비교하여 설명한다. [12음02-03] 다양한 시대의 음악을 듣고 역사·문화적 배경과 관련지어 음악의 특징을 비교하여 설명한다.	[12음02-02/02-03] 다양한 시대와 종류의 음악을 듣고 역사·문화적 배경과 관련지어 음악의 특징을 비교하여 설명한다.

프로젝트 목표	시대의 역사·문화적 배경의 이해를 바탕으로 바로크 시대부터 근·현대까지 클래식 음악을 감상하고 분석하여 음악적 특징을 비교하여 설명할 수 있다.
내용 요소	다양한 종류의 음악, 음악의 역사·문화적 배경

Pixel 프로젝트 흐름에 따른 차시별 주요 활동	해석하기	1~4 차시	♪ 시대별 역사·문화적 배경 및 음악의 특징 탐구 ♪ 작곡가별 대표적인 음악 감상 및 분석
	구상하기	5~9 차시	♪ 갤러리 워크 활동 안내 ♪ 모둠별 작곡가 및 음악 분석 ♪ 갤러리 워크를 활용한 지각적 음악 감상
	도약하기	10 차시	♪ 새롭게 알게 된 음악가에 대한 심화 탐구

3. 학생 주도적 프로젝트 수업 실시

[기존의 음악 **해**석하기]
🎵 시대별 역사·문화적 배경 및 음악의 특징 탐구

교사의 '음악, 아는 만큼 들린다.'라는 수업 브랜드를 반영하고, 다양하고 창의적인 교육과정 운영 및 교실 수업 개선을 위해 교육과정 재구성을 실시하였다. 학생의 내재적 동기를 강화할수록 음악에 몰입하고 감상 활동에 깊이를 더할 수 있기 때문이다. 자칫 단조로울 수 있는 감상 수업에서 벗어나 음악을 깊이 있게 이해할 수 있도록 성취기준을 재구조화 하고 내용 요소들을 통합하였다. 교실 내 온·오프라인 연계 수업에 맞도록 상황에 맞는 교수·학습 방법을 적용하였으며, 과정 중심 평가 및 맞춤형 피드백으로 학생 주도적 수업을 설계하였다.

수업의 도입에서는 왜 음악 시간에 클래식 음악을 배우고 있으며, 왜 수백 년 전의 음악이 오늘날까지 사라지지 않고 계속 연주되고 있는지, 그리고 17세기 이후부터 19세기까지 일어난 인류 역사의 흐름 및 사회의 급격한 변화가 현재 클래식이라 불리는 완성도 높은 음악의 출연에 어떠한 영향을 미쳤는지 이야기를 나누어본다. 왜? 라는 질문을 통해 학생들은 사회와 예술이 동떨어져 있지 않음을 이해하고, 서로 어떠한 영향을 주고받았는지 등을 유추해볼 수 있다.

이 시기의 유럽사회는 기독교가 중심이 되는 시대가 저물어가고 있었으며 다윈의 진화론, 만유인력의 법칙 등의 과학이 비약적으로 발전하였다. 대항해 시대 및 상업·무역의 발달과 산업혁명으로 자본주의의 시대가 도래하였으며, 계몽주의 및 시민혁명 등으로 사람들의 의식이

급변했다.

  17세기부터 19세기 사이의 시대 변화는 종교를 위한 음악에서 인간을 위한 음악으로 변화를 이끌었으며, 과학의 발달은 악기의 발달로도 이어졌다. 천재적인 음악가들이 줄줄이 등장하며 그 어떤 시대보다 완성도 높은 음악이 쏟아졌다. 형식과 내용의 균형을 이루게 되어 조화로운 아름다움을 보여줄 수 있게 된 것이다. 이러한 이유들이 복합적으로 작용하여 이 시기에 작곡된 많은 음악들이 시대와 민족을 뛰어넘어 많은 사람에게 사랑을 받고 현재까지 사라지지 않고 계속 연주되고 있으며, 우리는 이를 클래식이라 부른다.

  이 과정에서 몇 백 년 전 유럽의 일부 상위 계층이 듣던 음악을 왜 우리가 들어야 하는지 반문하는 학생들도 이유를 스스로 찾을 수 있게 된다. 세계의 문화유산이 당대의 뛰어난 예술과 기술을 보여주는 것만으로도 오랜 세월 동안 그 가치를 인정받은 것처럼, 음악이 비약적으로 발전하는 시기에 위대한 음악가들의 뛰어난 음악적 능력으로 만들어 낸 문화유산이라는 것만으로도 들을 만한 가치가 있다는 것을 이해하게 되는 것이다. 즉, 클래식은 한 시대와 지역을 대표하는 음악이지만 그와 동시에 인류의 위대한 문화유산이므로 이를 계승하고 발전하는 차원에서도 충분히 감상의 의의가 있음을 학생 스스로 탐구 활동을 통해 깨닫게 된다.

🎵 작곡가별 대표적인 음악 감상 및 분석

1차시	바로크 시대의 역사·문화적 배경과 음악적 특징 ① J. S. 바흐, 토카타와 푸가 라단조 BWV 565 감상
2차시	② G. F. 헨델, 오페라〈리날도〉 아리아 '울게 하소서' ③ A. 비발디, 바이올린 협주곡〈사계〉 '봄' 제1악장
3차시	고전파 시대의 역사·문화적 배경과 음악적 특징 ① F. J. 하이든, 교향곡 94번 사장조 '놀람' 제2악장
4차시	② W. A. 모차르트, 오페라〈마술피리〉 아리아 '지옥의 복수가 내 마음에 불타네' ③ L. van 베토벤, 교향곡 5번 다단조 '운명' 제1악장

[1~4차시의 수업 주요 내용]

1~4차시에는 바로크와 고전파 시대를 대표하는 작곡가 6명의 대표적인 작품을 감상하며, 음악의 다양한 특징을 알아보고 새롭게 알게 된 내용과 느낀 점 등을 음악 감상 노트에 작성한다. 수업을 토대로 재구성하고, 추가 조사하여 작성할 수 있다.

👥 활동TIP

음악 감상노트 작성법 및 활용법

작성법	객관적인 음악의 정보	교사가 제공한 음악적 특징과 역사적 흐름과 사건, 당대의 삶의 모습 등을 작성
	주관적인 생각과 느낌	감상평, 다른 음악과 구별할 수 있는 특징, 음악의 흐름 등을 그림, 도표, 서술 등 다양한 형태로 작성
활용법	서술형 평가 참고자료	오픈북 형태의 서술형 평가에 참고 자료로 활용하며, 다양한 음악 정보를 추가로 조사하여 작성 가능
	갤러리 워크 자료 조사의 길잡이	낭만파 시대 이후의 음악가에 대한 갤러리 워크 활동자료조사 단계에서 조사 영역과 범위, 음악 분석 방향 등에 대한 길잡이로 활용

먼저 교사는 음악의 시대적 배경 및 음악 사조, 작곡가의 생애, 음악의 특징, 음악 연주 형태 등 음악에 대해 소개한다. 활동 시간이 충분하다면 이 과정은 모둠별로 주제를 정하여 조사하고 발표하는 활동으로 진행할

수 있다. 활동지와 학습자료 등을 통해 알게 된 음악에 대한 객관적인 정보를 먼저 음악 감상 노트에 적은 후 영상을 보며 음악을 감상한다.

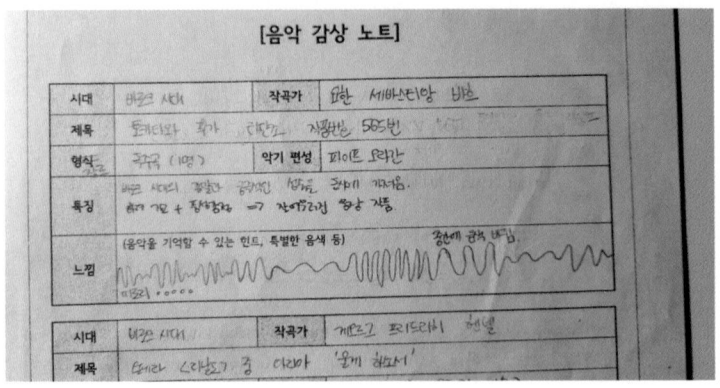

[J. S. 바흐, 토카타와 푸가 라단조 BWV 565 감상 후 작성한 음악 감상 노트1]

[J. S. 바흐, 토카타와 푸가 라단조 BWV 565 감상 후 작성한 음악 감상 노트2]

바흐의 '토카타와 푸가 라단조 BWV 565'을 감상하고 작성한 학생들의 음악 감상 노트이다. 첫 번째 노트의 느낀 점에는 도입부의 특징적인 선율의 느낌을 의성어로 표현하고 리듬 및 빠르기, 셈여림의 변화를 주로 작성한 것을 볼 수 있다. 두 번째 노트의 느낀 점은 선율 및 리듬의 변화를 파장의 형태로 표현한 것을 알 수 있다. 이처럼 음악의 흐름과 변화, 특징 등을 느낀 각자의 감각대로 자유롭게 기록하여 음악을 기억할 수 있도록 하였다.

♬ 서·논술형 평가 실시

문제	다음 들려주는 음악의 제목과 작곡가 및 연주하는 악기의 이름을 쓰고, 악기의 작동원리를 동일한 작동원리의 악기 예시를 들어 설명하시오.
모범 답안	이 곡은 요한 세바스티앙 바흐가 작곡한 토카타와 푸가 라단조 작품번호 565번이며 파이프 오르간으로 연주한다. 파이프 안으로 공기를 불어넣어 소리를 내는 건반악기로서 타건의 강약이 아니라 관을 통과하는 바람의 세기로 음량을 조절하는 것이 특징이다. 이와 비슷한 원리로 연주하는 악기로는 아코디언, 멜로디언 등이 있다.

[J. S. 바흐, 토카타와 푸가 라단조 BWV 565 관련 서·논술형 평가 예시문항 및 모범 답안]

오픈북 서·논술형 평가는 음악을 듣고 참고자료를 활용하여 음악과 관련한 문제의 답을 서술하는 형태이다. 수업 중 학생들이 학습한 내용과 추가로 조사한 내용을 바탕으로 재구성한 음악 감상 노트를 활용하여 문제를 해결하는 과정을 통해 확장형 사고와 적용력을 평가한다. 신뢰도 및 타당도가 높은 평가가 이루어지도록 명확한 채점기준을 수립하고 모범답안을 제시한다.

[나만의 음악 구상하기]
♫ 갤러리 워크 활동 안내

 낭만파 시대의 음악부터는 개인주의 사조를 바탕으로 주관적인 경향의 예술작품들이 창작되었다. 시대의 공통적인 음악의 특징보다 작곡가 개개인의 특성을 파악해야 한다. 음악 외 다른 예술과 사회적 분위기에 영향을 많이 받은 표제음악이라는 장르가 발생하고 발달하였으므로, 음악에 영향을 준 여러 외적 요인들을 파악하며 감상하는 것이 필요함을 설명한다.

[교사가 제작한 작곡가별 감상 카드]

 학생들이 자유롭게 인물을 탐구하고 대표적인 음악을 감상할 수 있도록 사전에 작곡가마다 대표적인 악곡 감상을 위해 QR 코드를 삽입한 '작곡가별 감상 카드'를 만들어 교실에 게시하고 언제든지 음악을 감상할 수 있도록 준비한다.

사전 준비가 끝나면 갤러리 워크 활동으로 수업을 진행한다. 갤러리 워크(Gallery Walk)란 마치 미술관에서 작품을 감상하며 걷는 것처럼 교실을 돌아다니며 각 모둠 또는 개인이 도출한 결과물을 살펴보고 질의 응답하는 활동이다.

🎵 모둠별 작곡가 및 음악 분석

모둠별로 차시마다 작곡가를 선택하며, 선택한 작곡가의 생애나 사상을 살펴보고, 대표적인 음악의 연주형태, 형식, 장르 및 그 외 음악요소 및 개념에 따라 다각도로 분석한다. 모둠원이 분담하여 내용을 조사하고 분석이 끝나면 조사한 내용을 서로 공유하며 내용을 정리한다. 정리한 내용은 모둠별 해설가(도슨트)를 위한 설명지에 작성하고, 다른 학생들이 모둠에 왔을 때 관람할 수 있는 게시물로 제작한다.

① 작곡가의 생애 및 사상 ② 첫 번째 대표곡 분석
③ 두 번째 대표곡 분석 ④ 그 외 대표곡이나 특별한 에피소드

🎵 갤러리 워크로 지각적 음악 감상

차시마다 6개의 모둠이 1명의 작곡가씩, 4차시에 걸쳐 총 24명의 작곡가들의 음악을 갤러리 워크로 관람하기 위해 내용을 조사하고 게시물을 제작하는 사전 준비를 한다. 갤러리 워크 활동에서 모둠별 해설가(도슨트)는 작곡가 및 음악에 대해 짧게 설명하고 및 음악 감상을 진행하는 역할을 해야 하므로 미리 내용을 파악하고 숙지할 시간이 필요하다. 해설가 역할을 맡지 않은 차시에서는 관람자로 모둠을 이동하며 지각적 음악 감상을 하고 개인별 활동지를 작성한다. 관람자는 모둠별로 감상한 내용을 원래 모둠으로 돌아와 모둠별 해설가(도슨트) 역할을 한 학생에게 설명하고, 모둠별 해설가(도슨트)는 활동 경험담 및 소감을 자유롭게 이야기한다.

> **활동TIP**
>
> **갤러리 워크 활동 전 사전 준비 차시의 흐름**
>
>
>
> 1. 모둠별 4명씩 6개의 모둠을 만들고, 모둠별로 4명의 작곡가를 선택한다.
> 2. 모둠에 남아 조사한 내용을 소개하고 음악을 감상할 수 있도록 안내하는 모둠별 해설재(도슨트) 역할을 작곡가별로 미리 정하고 내용을 조사한다.
> 3. 조사한 내용을 토대로 도슨트용 설명지와 모둠별 게시물 을 제작한다.

[새로운 음악으로 도약하기]
♬ 새롭게 알게 된 음악가에 대한 심화 활동

음악 감상노트와 갤러리 워크 활동지를 정리하며 여러 음악가들의 음악 감상, 작곡가 및 음악사와 관련된 독서를 하거나, 다음 챕터에 등장하는 다른 예술과의 융합 수업 등과 연계하여 심화 활동을 실시할 수 있도록 안내한다.

4. 채점 기준표 예시

평가 요소	총점	채점 기준	배점
다양한 종류의 음악	10	모두 정확하게 작성함.	10
		1가지 [기준]을 정확하게 작성함.	5
		작성한 내용이 모두 정확하지 않음.	0
		[기준] 다양한 종류의 음악 □ 작곡가 □ 제목	
음악의 역사·문화적 배경, 고등학교 수준의 음악 요소와 개념 (서·논술형 평가)	15	문항에서 요구하는 [기준] 2가지를 모두 정확하게 작성함.	15
		문항에서 요구하는 [기준] 중 1가지를 정확하게 작성함.	10
		답안을 작성하였으나 정확하지 않음.	5
		아무것도 작성하지 않음.	0
		[기준] 음악의 역사·문화적 배경과 관련된 음악의 특징 □ 형식 □ 악기 편성 □ 연주 형태 □ 작곡 배경 □ 그 외 다른 곡과 구별되는 음악의 특징	
유의 사항	※ 문항 당 25점, 4문항 출제(25점*4점=총 100점 만점) ※ 문항 당 서·논술형 항목 배점 15점, (15점*4점=총 60점)		

5. 학생들의 프로젝트 후기

| 음악 해상도 up | 클래식 음악이 주는 아름다움과 작곡가의 독창적인 음악적 표현 특성을 충분히 느낄 수 있는 수업이었어요.
음악적 감성 역량 UP | 음악 감상노트를 활용한 오픈북 수행평가와 갤러리 워크의 도슨트 활동으로 스스로 클래식 음악을 감상하고 즐길 수 있었어요.
음악적 소통 역량 UP | 시대별 음악과 역사·문화적 배경과의 연결고리를 찾게 되어 뿌듯했고, 음악을 여러 요소들로 분석할 수 있게 되었습니다.
자기관리 역량 UP |

( )학년 ( )반 ( )번 이름 ( )

 음악이 함께하는 예술적 일상
음악, 아는 만큼 들린다!  노현진 선생님

[서양 음악사 1]

1. 바로크시대(1600~1750)

작곡가	Johann Sebastian Bach (J. S. Bach) 요한 세바스티앙 바흐 - 국적: 독일 - 생애: 1685년~1750년 - 별칭: 음악의 아버지	
제목	Toccata & Fuge in d-moll BWV. 565 토카타와 푸가 라단조 작품번호 565번 - BWV: Bach Werke Verzeichnis 바흐작품목록 (볼프강 슈미더, 장르별 분류)	
작곡가	Georg Friedrich Handel (G. F. Handel) 게오르그 프리드리히 헨델 - 국적: 독일→영국(귀화) - 생애: 1685년~1759년 - 별칭: 음악의 어머니	
제목	Opera〈Rinaldo〉aria 'Lascia ch'io pian ga' 오페라〈리날도〉아리아 '울게 하소서' - 아리아: 오페라에 나오는 독창 또는 2중창	
작곡가	Antonio Vivaldi (A. Vivaldi) 안토니오 비발디 - 국적: 이탈리아 - 생애: 1678년~1741년 - 별칭: 붉은 사제, 이탈리아 바로크 음악의 거장	
제목	Le quattro stagioni Op. 8 La primavera 바이올린 협주곡〈사계〉'봄' 제 1악장 - 협주곡: 독주악기와 관현악(오케스트라)이 연주	

( )학년 ( )반 ( )번 이름 ( )

 음악이 함께하는 예술적 일상
음악, 아는 만큼 들린다!  노현진 선생님

[서양 음악사 2]

2. 고전파시대(1750~1820)

작곡가	Franz Joseph Haydn (F. J. Haydn) 프란츠 요제프 하이든 - 국적: 오스트리아 - 생애: 1732년~1809년 - 별칭: 교향곡의 아버지	
제 목	Symphony No. 94 in G-Major 'Surprise' 교향곡 94번 사장조 '놀람' 제 2악장 -교향곡: 관현악으로 연주되는 4악장 형식의 악곡	
작곡가	Wolfgang Amadeus Mozart (W. A. Mozart) 볼프강 아마데우스 모차르트 - 국적: 오스트리아 - 생애: 1756년~1791년 - 별칭: 음악의 신동, 음악의 천재	
제 목	Opera 〈Zauberflote〉 Aria 'Konigen der Nacht' 오페라 〈마술피리〉 '밤의 여왕 아리아' - 아리아: 오페라에 나오는 독창 또는 2중창	
작곡가	Ludwig van Beethoven (L. van Beethoven) 루드비히 판 베토벤 - 국적: 독일 - 생애: 1770년~1827년 - 별칭: 음악의 성인, 악성(樂聖)	
제 목	Symphony No. 5 in c-moll op. 67 교향곡 5번 다단조 '운명' 작품번호 67 1악장 - 협주곡: 독주악기와 관현악(오케스트라)이 연주	

( )학년 ( )반 ( )번 이름 ( )

 자율공립고 북삼고등학교 | 음악이 함께하는 예술적 일상
음악, 아는 만큼 들린다! |  노현진 선생님

[서양 음악사 3]

3. 낭만파시대 기악곡 (1820~1900)

작곡가	Franz Peter Schubert (F. P. Schubert) 프란츠 페터 슈베르트 - 국적: 오스트리아 - 생애: 1797년~1828년 - 별칭: 가곡의 왕	
제 목	Piano Quintet A major Op.114, D.667 'The Trout' Ⅳ. Theme with Variations, Andatino 피아노 5중주 〈송어〉 제4악장 주제와 변주곡 - 변주곡: 주제를 여러 가지로 변형하는 기법을 사용한 곡	
작곡가	Jakob Ludwig Felix Mendelssohn-Bartholdy (F. Mendelssohn) 야코프 루드비히 펠릭스 멘델스존-바르톨디 - 국적: 독일 - 생애: 1809년~1847년	
제 목	Violin Concerto E minor op. 64 바이올린 협주곡 마단조 작품번호 64 - 세계 3대 바이올린 협주곡 (베토벤, 브람스)	
작곡가	Frederic Francois Chopin (F. Chopin) 프리데리크 프랑수아 쇼팽 - 국적: 폴란드 - 생애: 1810~1849 - 별칭: 피아노의 시인	
제 목	Impromptu No.4 in C-sharp Minor, Op.66 'Fantaisie-Impromptu' (환상 즉흥곡) - 1834년 24세 때 파리에서 작곡, 이곡에 강한 애착을 느껴 출판을 원하지 않아 사후 출판	

( )학년 ( )반 ( )번 이름 ( )

 | 음악이 함께하는 예술적 일상 **음악, 아는 만큼 들린다!** |  노현진 선생님

[서양 음악사 4]

4. 낭만파시대 성악곡 (1820~1900)

작곡가	Giuseppe Verdi (G. Verdi) 주세페 베르디 – 국적: 이탈리아 – 생애: 1813년~1901년 – 별칭: 오페라의 황제
제 목	Opera 〈La Traviata〉 Aria 'Brindisi' 오페라 〈라 트라비아타〉 아리아 '축배의 노래' – 비올레타와 그녀를 남몰래 흠모해온 청년 알프레도가 파티에서 처음 만나 함께 부르는 이중창(아리아)
작곡가	Georges Bizet (G. Bizet) 조르쥬 비제 – 국적: 프랑스 – 생애: 1838년~1875년
제 목	Opera 〈Carmen〉 'L'amour est un oiseau rebelle' 오페라 〈카르멘〉 중 하바네라 '사랑은 자유로운 새와 같이' – 비제의 마지막 오페라, 초연 3개월 후 파리에서 사망
작곡가	Giacomo Puccini (G. Puccini) 자코모 푸치니 – 국적: 이탈리아 – 생애: 1858년~1924년
제 목	Opera 〈Turandot〉 Aria 'Nessun dorma' 오페라 〈투란도트〉 아리아 '공주는 잠 못 이루고' – 남자주인공 타타르국의 왕자 칼라프가 부르는 아리아

( )학년 ( )반 ( )번 이름 ( )

 음악이 함께하는 예술적 일상
음악, 아는 만큼 들린다!  노현진 선생님

[음악 감상 노트]

시대		작곡가	
제목			
연주 형태		악기편성	
음악의 특징			
감상평	(음악을 기억할 수 있는 힌트, 특별한 음색 등을 다양한 형태로 작성하세요.)		

시대		작곡가	
제목			
연주 형태		악기편성	
음악의 특징			
감상평	(음악을 기억할 수 있는 힌트, 특별한 음색 등을 다양한 형태로 작성하세요.)		

시대		작곡가	
제목			
연주 형태		악기편성	
음악의 특징			
감상평	(음악을 기억할 수 있는 힌트, 특별한 음색 등을 다양한 형태로 작성하세요.)		

(   )학년 (   )반 (   )번 이름 (   )

 자율공립고
북삼고등학교

음악이 함께하는 예술적 일상
음악, 아는 만큼 들린다!

 노현진
선생님

[갤러리 워크 관람자용 활동지]

※감상한 음악의 제목과 해설가의 설명 중 기억에 남는 부분을 자유롭게 기록하세요.

모둠명		학번		이름	

감상곡 ①
☐ 작곡가 :
☐ 제목 :

감상곡 ①
☐ 작곡가 :
☐ 제목 :

감상곡 ①
☐ 작곡가 :
☐ 제목 :

( )학년 ( )반 ( )번 이름 ( )

 | 음악이 함께하는 예술적 일상
음악, 아는 만큼 들린다! |  노현진 선생님

[갤러리 워크 해설자용 활동지]

※ 소개할 음악의 작곡가와 음악을 조사하고 정리하여 관람자가 이해하기 쉽게 작성합니다.

1. 작곡가 소개

2. 첫 번째 대표곡 소개

3. 두 번째 대표곡 소개

4. 그 외 정보

Picture 5 — 나의 인생곡을 소개합니다

1. 수업 설계 의도

 학생들에게 평소 자신의 하루를 돌아보고 언제 음악을 듣는지, 어떤 음악을 좋아하는지, 감상 이외에 다른 음악 활동을 하는지, 음악이 나의 일상에 차지하는 비중이 어떠한지 등 '나'의 음악적 삶에 대해 고찰한 내용을 서술하도록 했다. 학생들은 자신의 삶속에서 나름의 방식으로 음악을 향유하고 있으며, 자신의 가치관 또는 인생관에 형성에 영향을 준 음악이 있다고 서술하였다.

> "공부할 때는 잔잔한 피아노 음악을 들어요."
> "마음이 힘들 때 이 곡으로 위로를 받았어요." ▶ 나의 인생곡을 소개하고, 친구가 추천한 음악을 공유하며 음악 감상 스펙트럼 넓히기

 하지만 다양한 음악에 대한 지식이 없고 이를 바탕으로 한 취향이 확고하지 않으면, 당시에 유행하는 음악 또는 들어본 음악 장르만 감상하게 될 가능성이 높아진다. 학교 수업에서 감상하는 음악은 진부하고 어렵다는 편견을 가지게 될 수도 있다. 이러한 편견에서 벗어나 학생들의 음악 감상의 스펙트럼을 넓힐 수 있도록 다양한 장르의 음악을 함께 감상할 수 있는 수업이 필요하다.

 학생 주도적 수업 요소
🎵 나의 삶에 영향을 준 다양한 장르의 음악을 직접 선곡
🎵 선곡한 이유를 자신만의 기준을 바탕으로 음악적으로 해석

학생들은 자신의 가치관 또는 인생관 형성에 영향을 미친 음악 2곡을 골라 음악 요소와 개념 분석 및 선곡 이유를 발표한다. 다른 학생들이 선곡한 음악을 들으며 새로운 장르의 음악을 개방적으로 수용하고, 풍부한 음악적 감수성을 함양할 수 있도록 수업을 설계하였다. 수업을 통해 다양한 음악적 경험이 축적되면 학생들은 음악을 더 깊이 있게 이해할 수 있고, 작품의 음악적 의도를 파악하며 여러 음악 요소와 개념을 구분하여 감상할 수 있는 지각적 음악 감상을 생활화 할 수 있다.

2. 교육과정 분석 및 재구성

기존 성취기준	재구조화한 성취기준
[12음02-01] 고등학교 수준의 음악 요소와 개념을 구별하여 표현한다. [12음02-02] 다양한 종류의 음악을 듣고 음악의 특징을 비교하여 설명한다.	[12음02-01/02-02] 다양한 종류의 음악을 듣고, 고등학교 수준의 음악 요소와 개념을 구별하고 음악의 특징을 비교하여 설명할 수 있다.

프로젝트 목표	다른 학생들이 소개하는 다양한 종류의 음악을 듣고, 자신의 가치관과 인생관에 영향을 준 인생곡의 음악의 특징과 비교하여 설명할 수 있다.
내용 요소	고등학교 수준의 음악 요소와 개념, 다양한 장르의 음악

Pixel 프로젝트 흐름에 따른 차시별 주요 활동

해석하기	1차시	♪ 교사의 인생곡 발표 ♪ 발표 자료 작성 요령 안내
구상하기	2차시	♪ 인생곡 분석 및 선곡 이유 작성 ♪ 발표 자료 제작
도약하기	매차시 10분	♪ 발표 및 음악 감상 ♪ 새롭게 알게 된 음악 대한 감상평 공유

3. 학생 주도적 프로젝트 수업 실시

[기존의 음악 해석하기]
🎵 **교사의 인생곡 발표**

학생들에게 자신의 24시간과 365일을 돌아보고 음악 감상을 즐기는 편인지, 어떤 음악을 즐기는지, 음악을 감상하는 것이 불편하다면 어떤 상황에 왜 그런지 등을 있는 그대로 적어 보도록 했다. 그 결과 음악 감상 장르의 종류와 일상의 비중은 개인차가 있었으나, 음악 감상 경로는 유튜브와 스트리밍 플레이어인 경우가 대다수였으며 알고리즘을 통해 추천된 음악을 감상한다는 답변이 많았다.

학생들에게 알고리즘이 추천하는 음악 외에도 다양한 음악을 감상할 수 있는 기회를 제공하는 것에 수업의 주안점을 두었다.

[교사가 발표한 발표자료]

교사가 먼저 학생들이 수행 조건, 발표할 형식과 내용으로 발표를 한다. 교사의 가치관 또는 인생관 형성에 영향을 준 음악을 2곡 고른다. 수행 조건에 따라 2곡은 서로 다른 장르여야 하며, 다양한 음악을 들으며 장르 구분에 대한 예시를 보여준다. 선곡한 음악에 대한 여러 정보와 함께 선곡 이유를 발표한다. 교사의 발표 예시에서는 K-pop 장르로 토이의 〈U&I〉와 프란츠 리스트의 〈사랑의 꿈 3번〉을 선곡하였다. 장르, 작곡가, 작사가, 가사의 내용, 악기의 편성, 음반 발매 정보, 음악의 작곡 배경, 그 외 음악 요소들을 포함하여 음악을 설명하였으며, 실제로 연주하는 영상이거나 음악을 좋아하게 된 계기가 된 영상을 보여주었다.

교사가 클래식 장르로 고른 리스트의 〈사랑의 꿈 3번〉은 김연아 선수를 응원하기 위해 피겨 스케이팅 종목에 관심을 가지고 경기를 꼬박꼬박 찾아보던 2010년 라이벌이었던 일본의 아사다 마오 선수가 프리 스케이팅에 사용한 음악이었다. 당시 김연아 선수의 라이벌이지만 의상과 음악이 선수의 특유의 분위기와 잘 어울린다고 생각했고, 특히나 부드러운 스케이팅의 스타일이 아름다운 선율의 흐름과도 비슷하다고 생각이 들었다. 무엇보다 피아노 전공자가 아니지만 음악교사로서 리스트의 곡을 완성하여 연주해보고 싶었기 때문에 이 곡을 도전곡으로 정하고 연습하였다. 오랜 시간이 걸렸지만 결국 끝까지 연주할 수 있을 정도가 되었으며, 이를 계기로 무엇이든 진심으로 노력하면 안 될 일이 없다란 생각을 갖게 되기도 한 의미가 있는 곡이었기 때문에 인생곡으로 선곡하게 되었다고 소개하였다.

피아니스트 손열음의 연주

피겨스케이팅 김예림 선수 경기 영상

피아노 악보 영상

　음악을 소개하며 피아니스트 조성진의 연주 영상, 그리고 이 곡을 인생곡으로 선곡하는 계기가 된 피겨 스케이팅 아사다 마오 선수의 경기 영상, 8년이 흐른 후 우리나라 김예림 선수가 같은 곡으로 올림픽에 출연하여 선전을 한 경기 영상, 또 음악 교사로서 학생들에게 보여주고 싶었던 악보가 흐르며 연주되는 영상을 모두 보여주며 발표를 진행하였다.
　교사는 예시 발표를 통해 학생들이 어떤 내용을 조사하여 스토리텔링은 어떻게 할지, 영상은 어떤 것으로 고를지 등을 충분히 고민할 수 있도록 내용과 방법을 제시한다.

🎵 발표 자료 작성 요령 안내

👥 활동TIP

채점 기준

평가 요소	내용요소	세부 내용
조건에 맞는 선곡	고등학교 수준의 음악 요소 와 개념, 다양한 종류의 음악	서로 다른 장르로 1곡씩 총 2곡 선곡함.
자료의 정확성		제목, 작곡가, 특징 등 음악의 세부 정보를 정확하게 조사함.
영상 자료의 적절성		음악의 특징과 연주형태가 드러나는 영상으로 제시함.
선곡 이유의 구체성		선곡한 이유를 구체적인 근거와 경험을 바탕으로 소개함.
발표 태도		언어적/비언어적 요소를 적절히 사용하여 전달력 있게 발표함.

교사의 발표가 끝난 후 채점 기준표를 바탕으로 꼭 포함되어야 하는 내용과 발표 방법 등 유의 사항을 상세하게 설명한다. 세부 항목은 선곡의 적합성, 음악 정보의 정확도, 영상 자료의 적절성, 선곡 이유의 구체성, 발표 완성도 등으로 구성된다.

[나만의 음악 구상하기]
♫ 인생곡 선곡 및 발표 자료 제작

인생곡 선곡 과정에서 학생들은 평소 듣던 음악 외에도 다른 장르의 음악을 찾아서 들어보고 골라야하기 때문에 다양한 장르의 음악을 감상하게 된다. 친구들과 함께 음악을 공유하며 감상하고 새롭게 알게 된 음악을 추천하기도 한다. 생각보다 많은 학생들이 장르나 연주 형태로 음악을 검색해 본 일이 처음이라는 소감을 남기기도 했다.

유튜브로 음악을 검색할 경우, 영상의 제목이 음악의 제목과 일치하지 않으므로 반드시 확인하고 피드백을 할 필요가 있다. 또 선곡하려는 곡이 원곡인지 커버 곡인지, 리메이크한 곡인지도 확인해야 한다. 특히 클래식 장르의 경우 제목이 길고 복잡하므로 학생들이 어디에서 어디까지가 제목인지 파악하기 어렵다. 클래식 제목은 어떤 요소로 구성되어 있는지 설명하고, 정확한 제목이 맞는지 확인하고 피드백 받을 수 있도록 안내한다.

정확한 음악 정보를 조사하고 음악을 선곡하게 된 이유를 자신의 경험을 바탕으로 구체적인 근거를 들어 소개하고, 음악의 특징과 연주 형태가 잘 드러나는 영상을 고를 수 있도록 지도한다.

[새로운 음악으로 도약하기]

🎵 **발표 및 음악 감상, 감상평 공유**

[K-pop 장르로 작성한 학생 발표 자료]

한 학기에 걸쳐 모든 학생이 발표하며, 학생들은 새롭게 알게 된 곡들의 제목을 음악 감상 노트에 기입한다. 같은 곡을 선곡하였거나 비슷한 장르를 선택한 학생들과는 공감대를 이루고, 새로운 음악을 통해 음악 감상의 폭이 넓어지게 되었다.

학생들이 발표한 내용은 학생의 개별적 특성 및 성장을 포함하여 생기부에 작성하도록 한다.

'나의 인생곡을 소개합니다' 수업에서 나의 인생관이나 음악관, 진로에 영향을 준 K-POP과 재즈 장르의 음악을 골라 발표함. 선곡한 음악의 정보를 상세하게 조사하여 PPT로 제작하였으며, 연주 형태와 음악의 특징이 잘 드러나는 영상을 제시하고 적절한 비언어적 요소를 사용하여 전달력 있게 발표함. 특히 '둥기둥기', '재잘재잘' 등 의성어와 의태어들이 가사에 많이 쓰여 아이들의 순수한 감정이 느껴지는 음악을 선곡하고 유치원 교사가 되기를 희망한다고 발표하여 학생들의 응원을 받음. 다른 학생들의 발표를 듣고 다양한 음악 요소를 분석하여 음악 감상노트에 구체적으로 기록하였으며, 지각적 음악 감상 능력이 향상되었고 음악만이 가진 고유한 특성을 발견하고 음악을 심도 있게 이해할 수 있게 되었다는 소감을 밝힘. 활동 후 유아 음악 교육에 관심을 두게 되어 '아이의 두뇌를 춤추게 하는 음악놀이'(김성은)라는 책을 읽고 유아 음악 교육의 다양한 교수학습 방법을 알아봄. 유아 음악 교육과정과 통합 활동의 가능성을 이해하고, 교사와의 질의응답을 통해 교사의 역할과 음악 교육의 가치 등을 생각해보며 관련 내용을 심화하고 확장함.

[진로희망이 교사인 학생이 아이유의 '가을 아침'을 주제로 발표한 후 작성한 생기부 '세부능력 및 특기사항' 작성 예시]

4. 채점 기준표

평가 요소	총점	채점기준	배점
조건에 맞는 선곡 조건에 맞는 선곡	20	POP과 그 외 장르 각각 1곡으로 조건에 맞게 선곡함.	20
		장르 구분 없이 2곡을 선곡함.	15
		1곡만 선곡함.	10
자료의 정확성	20	선곡한 음악에 대한 세부 정보를 정확하게 조사함.	20
		선곡한 음악에 대한 세부 정보에 대한 오류가 일부 있음.	15
		선곡한 음악에 대한 정보를 조사하였으나 대부분 정확하지 않음.	10
영상 자료의 적절성	20	2곡 모두 음악의 특징과 연주 모습이 잘 드러나는 영상으로 제시함.	20
		음악의 특징과 연주 모습이 잘 드러나는 영상을 1곡만 제시함.	15
		영상에서 음악의 특징과 연주 모습이 잘 드러나지 않음.	10
선곡 이유의 구체성	20	음악적 경험을 바탕으로 음악 요소를 포함하여 선곡한 이유를 구체적으로 소개함.	20
		음악적 경험을 바탕으로 선곡한 이유를 소개함.	15
		선곡한 이유를 설명함.	10
발표 태도	20	발표 자료를 완성도 있게 제작하고, 적절한 언어적·비언어적 요소를 사용하여 전달력 있게 발표함.	20
		발표 자료를 제작하고 발표함.	15
		발표하였으나 발표 자료 준비가 미흡함.	10
유의 사항	※ 발표와 동시에 채점을 실시하며, 발표가 끝난 후 바로 피드백 함. ※ 발표 자료를 제출하도록 하여 채점 결과를 재확인하고, 발표 자료의 시각적 효과에 대한 내용은 채점에 포함하지 않고, 세부능력 및 특기사항에 포함함.		

5. 학생들의 프로젝트 후기

| 음악 해상도 up | 몰랐던 음악 장르의 새로운 매력을 느낄 수 있었습니다.
음악적 감성 역량 UP | 나의 음악적 삶을 돌아보게 되는 계기여서 좋았어요.
음악적 소통 역량 UP | 음악을 조사하고 분석하면서 음악 이해도가 높아졌어요.
자기관리 역량 UP |

CHAPTER 2. 수업 결과

Present 수업 결과(현재 상태)	음악 해상도 UP 📈 수업 효과(핵심 역량)
역사와 음악사의 흐름을 비교해 보며 다양한 시대와 장르의 음악을 듣고 음악의 특징을 다각적으로 살펴봄. ▶	다양한 음악 감상을 통해 역사·문화적 배경과 관련지어 음악을 폭넓게 이해하게 됨. **음악적 감성 역량 UP**
음악 감상 수업에서 자기 주도적으로 학습 과정 및 내용을 관리하였으며, 음악 감상을 통해 자신의 삶을 되돌아 봄. ▶	자신의 음악적 삶에 대하여 진지하게 생각해 보았으며 자아 정체성 형성에 영향을 줌. **자기관리 역량 UP**
감상곡 관련 주제탐구 및 인생곡 발표 활동을 통해 음악과 관련된 다양한 정보를 수집하고, 비교·분석하여 발표함. ▶	음악에 내재된 다양한 의미를 정확하게 파악 하였고, 감상을 생활화 하게 됨. **음악 정보 처리 역량 UP**

( )학년 ( )반 ( )번 이름 ( )

 음악이 함께하는 예술적 일상
음악, 아는 만큼 들린다!  노현진 선생님

[인생곡 감상 목록]

순	학번	이름	pop		그 외 장르	
			아티스트	제목	아티스트	제목
0	(예시)	노현진	Toy	U&I(feat.크러쉬& 빈지노)	프란츠 리스트	사랑의 꿈 3번
1						
2						
3						
4						
5						
6						
7						
8						
9						
10						
11						
12						
13						
14						
15						
16						
17						
18						
19						
20						
21						
22						
23						
24						
25						
26						

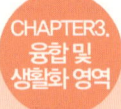

음악과 함께 살아가다

CHAPTER 1. 수업 개요

세 번째 영역은 '음악과 함께 살아가다'이다. 학생들의 흥미를 고려하여 음악을 문학, 미술 등 다른 예술 정규 교육과정 내 창의적 체험활동, 기타 교내 행사 등과 연계하여 수업을 실시한다. 음악 고유의 미적 가치뿐만 아니라 사회·문화적 역할과 기능을 이해하고, 음악을 활용한 소통의 즐거움을 느낄 수 있도록 수업을 설계하였다. 음악적 정서를 표현하고, 음악으로 소통하는 방법을 익히며 음악적 소양을 높인다.

> **음악이 흐르는 시(詩)를 주제로 한 문학과 음악의 융합 수업**
> ♪ 여러 작품을 통해 문학과 음악과의 관계에 대해 살펴보고, 음악이 다른 예술과 만났을 때 음악의 역할과 가치에 대해 이해할 수 있도록 수업을 설계하였다. 학생들은 시집을 읽고, 내용과 형식이 마음에 드는 시를 선택한다. 선택한 시의 시상에 어울리는 음악을 선곡하고, 이를 바탕으로 음악과 시를 함께 감상할 수 있는 시화를 만들어 시울림 학교 행사에 전시를 하고 함께 감상하는 활동을 설계하였다.

♪ **교내 갤러리 음악 코디네이터를 주제로 한 미술, 진로 및 음악의 융합 수업**
교내에서 운영하고 있는 갤러리에는 학생 및 학교 구성원들의 다양한 작품이 전시되어 있으며, 학생들은 전시를 관람하거나 휴식을 위해 이 공간을 이용하고 있다. 갤러리 공간의 분위기를 더욱 아늑하게 형성하거나, 전시된 미술 작품의 감상에 시너지 효과를 줄 수 있는 음악을 선곡하는 수업을 설계하였다. 이 수업으로 미술 또는 공간과 음악과의 관계에 대해 고찰하고, 현재 각광받고 있는 음악 코디네이터라는 음악 관련 이색 직업에 대해서 탐색할 수 있는 기회를 제공하여 진로 선택의 폭을 확장시키고자 한다.

♪ **소중한 너와 나를 위한 노래를 주제로 한 생명사랑 존중주간 연계 수업**
생명사랑 존중주간에는 소중한 사람들에게 그 동안 전하지 못한 말을 음악을 활용하여 전달하는 활동을 하게 된다. 이를 통해 음악이 생활의 일부이며, 비언어적 소통 방법 중 중요한 방식 중 하나로 수용하게 될 것이다. 또한, 음악이 자기 정체성 구현 및 정서와 바람직한 인성 함양에 기여한다는 사실도 알 수 있기를 기대한다.

CHAPTER 2. 수업 설계

활동	Picture 수업주제	Pixel 성취기준	Pick 학생 주도형 수업을 위한 선택 요소	수업의 흐름		
				해석하기	구상하기	도약하기
문학 + 음악	음악이 흐르는 시(詩)	[4차시] 01-04 02-01 03-01	• 마음에 드는 시 1수 선택 • 선택한 시에 어울리는 음악을 자신만의 기준으로 선곡 • 동료평가 및 시화 감상	• 교사가 작성한 음악이 흐르는 시 예시 발표 • 자유롭게 독서	• 시에 어울리는 음악 선곡 • 음악 요소와 개념을 포함하여 선곡이유 서술	• 시화 전시 및 최고의 시화 선정(동료평가) • 음악 활용가치 토론 및 적용
미	교내 갤러리 음악 코디네이터	[4차시] 01-04 02-01 03-02	• 교내 갤러리에서 마음에 드는 작품을 고르거나 갤러리 공간 분위기에 어울리는 음악으로 배경음악 플레이리스트 생성 • 다른 공간 음악 코디네이션 도전	• 음악 코디네이터 직업정보 제공 • 교내 갤러리 전시 관람 및 코너/공간 선택	• 활동을 위한 뮤직 플랫폼 활용법 설명 • 갤러리에 어울리는 배경음악 선곡	• 음악 공유 및 배경 음악 활용 • 새로운 공간을 위한 음악 코디네이션 도전
생명 존중 교육 + 감상	소중한 너와 나를 위한 노래	[4차시] 03-01 02-02	• 소중한 사람에게 그동안 하지 못한 말들을 음악을 활용하여 감사/위로의 감정을 표현 • 전달 대상 및 전하고자 하는 메시지, 음악 선곡의 자유	• 생명존중 교육주간의 의미와 개별과제 수행 방법 안내 (학기별 1회씩)	• 1학기 : 소중한 사람을 위한 노래 선물 • 2학기 : 나를 위로하는 노래 가사 공유	• 학급 단톡에 공유된 음악과 답장을 함께보고, 소감 및 생각 공유

Picture 6 　音악이 흐르는 시(詩)

1. 프로젝트 의도

요즘 학생들이 가장 자주 접하는 매체는 스마트폰 동영상과 모바일 게임이다. 휘황찬란한 동영상 매체가 학생들의 삶과 영혼을 사로잡고 있다. 이럴 때일수록 학생들에게 필요한 것은 영혼을 고양시키는 예술이다. 코딩이나 정보통신, 5G같은 기술을 활용하는 것도 중요하지만, 학생들이 시와 음악을 통해 인간성을 회복하고 내면에 숨어있는 상상력과 창의력을 끄집어낼 수 있도록 도와줘야 한다.

시와 음악과의 관계에 대한 연구는 오래전부터 있었으며, 근래에는 뇌과학을 통해 시의 운율과 선율의 뇌 반응이 유사하게 나타나는 것이 증명되었다. 악구와 호흡의 개념은 음악과 언어에 동일하게 적용되므로, 모든 언어는 음악적이며 음악은 언어와 같은 요소를 갖고 있다고 볼 수 있다.

> "시 의미를 모르겠어요." "어떻게 즐겨요?"
> "클래식 음악 지루해요." "어렵고 재미없어요." ▶ 내가 원하는 시, 내가 원하는 음악을 있는 그대로 충분히 느끼고 주도적으로 즐기기

음악이 다른 예술과 만났을 때 발생하는 효과와 그 안에서 발견할 수 있는 음악의 역할과 가치를 이해할 수 있는 기회를 제공하고자 한다.

 학생 주도적 수업 요소
- ♪ 마음에 드는 시를 선택하여 시상과 어울리는 음악을 선곡
- ♪ 개성 있게 시화를 제작하고, 동료평가를 통해 교내 전시

많은 학생들이 이해하고 즐기기 어렵다고 느끼는 시와 클래식 음악에 흥미와 호감을 갖게 하는 것이 이 수업에서 가장 중요하다. 학생들은 시집을 읽고, 마음에 드는 시를 선택한 후 시상에 어울리는 클래식 음악을 조건에 맞게 선곡한다. 시와 음악을 함께 감상할 수 있는 시화를 제작하며 동료 평가를 통해 각 반에서 학생들이 추천하는 시화를 교내 '시울림 학교' 행사에 전시하고 함께 감상하는 활동이다. 스스로 예술을 즐길 수 있는 분위기를 조성하여 학생들의 예술적 감성 역량뿐만 아니라 바른 인성을 함양하고자 한다.

2. 교육과정 분석 및 재구성

기존 성취기준	재구조화한 성취기준
[12음01-04] 다양한 예술에 어울리는 음악 작품을 만든다. [12음02-01] 고등학교 수준의 음악 요소와 개념을 구분하여 표현한다. [12음03-01] 지역사회 축제, 교내외 행사 및 축제, 국가 의식 및 행사 등에 참여하여 행사에 사용된 음악의 역할과 기능에 대해 평하도록 한다.	[12음01-04/02-01/03-01] 다양한 예술에 어울리는 음악 작품을 만들어, 음악의 특징 및 고등학교 수준의 음악 요소 및 개념을 구분하여 설명한 후 교내 행사에 참여하여 행사에 사용된 음악의 역할과 기능에 대해 평하도록 한다.

프로젝트 목표	선택한 시에 어울리는 음악을 선곡하여 QR코드가 포함된 시화를 만든 후, 선곡 이유를 음악 요소 및 개념을 포함하여 서술할 수 있다.
내용 요소	음악의 구성, 고등학교 수준의 음악 요소와 개념, 음악과 행사

Pixel 프로젝트 흐름에 따른 차시별 주요 활동

해석하기	1차시	♪ '시울림 학교' 연계 융합 프로젝트 수업 소개 ♪ 교사 예시 작품 소개 및 독서(시)
구상하기	2~4차시	♪ 시에 어울리는 음악 선곡 및 시화 제작 ♪ 음악 요소와 개념 포함하여 선곡 이유 서술
도약하기	5차시	♪ 온·오프라인 시화 전시회 실시 및 동료평가 ♪ 음악의 활용 가치 이해와 토론 및 적용

3. 학생 주도적 프로젝트 수업 실시

[기존의 음악 **해**석하기]
🎵 **'시울림 학교' 연계 융합 프로젝트 수업 소개**

시는 모든 글 중에서 유일하게 운과 율격, 즉 리듬을 가진 글이다. 이처럼 유사한 성격을 지닌 시와 음악이라는 두 예술을 통해 학생들에게 내재된 상상력과 창의력을 표현하고, 음악의 역할과 가치를 이해할 수 있는 수업임을 설명한다. 그리고 수업의 결과물인 시화를 교내 '시울림 학교' 행사에 전시하게 됨을 안내한다.

♪ 서·논술형 평가문항 및 모범답안 안내

👥 활동TIP

평가 문항
'음악이 흐르는 시(詩)' 프로젝트를 통해 마음에 드는 시를 선정하여 시상에 어울리는 음악을 선곡하는 활동을 해보았습니다. 자신의 관점에서 해석한 시에 드러난 사상이나 감정, 분위기 등을 바탕으로 선곡한 이유를 음악 요소와 개념을 2가지 포함하여 서술하세요.

[기준] 선곡 이유의 타당성
- 리듬: 긴 리듬, 짧은 리듬, 반복되는 리듬, 부점 리듬, 셋잇단음표 리듬, 리듬의 대비 등
- 선율: 상행하는 선율, 하행하는 선율, 도약이 많은 선율, 완만하고 부드러운 선율
- 음계/화성: 단음계, 민속 음계, 재즈 음계, 장화음, 단화음, 의도적인 불협화음의 사용
- 박자: 2박, 3박, 4박, 혼합 박자 등
- 빠르기: 매우 느림, 매우 빠름, 점점 빨라지는 빠르기, 점점 느려지는 빠르기 등
- 셈여림: pp~ff, 크레센도와 데크레센도, 급격한 셈여림의 변화 등
- 음색/음향: 사용된 특별한 악기나 목소리, 악기편성, 전체 소리의 조화, 의도적 소음 등
- 반주: 반주의 특징, 형태 등

교사가 작성한 모범답안

양광모의 '봄빛'	
어둠이 아니라 빛을 봄 어제가 아니라 내일을 봄 미움이 아니라 사랑을 봄 내가 아니라 우리를 봄 비바람 불고 눈보라 치는 날에도 나의 눈에는 언제나 봄	1. 작곡가: 로베르트 슈만 2. 제목: 〈어린이의 정경〉 중 1번 '미지의 나라들' 3. 선곡이유: 봄의 각운에서 느껴지는 새로운 시작, 희망, 설렘의 분위기를 걸음걸이와 비슷한 Moderato의 빠르기로 연주하는 청량한 음색이 돋보이는 피아노독주곡을 통해 배가시키고자 함.

답안 분석

봄의 각운에서 느껴지는 새로운 시작, 희망, 설렘의 분위기를   ← 시에 대한 나의 해석
걸음걸이와 비슷한 Moderato의 빠르기로 연주   ← 선곡 이유① 빠르기
하고 편안하면서도 청량한 음색이 돋보이는 피아노독   ← 선곡 이유② 음색
주곡을 통해 배가시키고자 함.   ← 선곡 이유③ 연주 형태

    교사가 선택한 시와 음악으로 모범답안을 작성하여 학생들에게 설명한다. 답안 작성을 위해 교사가 선택한 시는 양광모 시인의 '봄빛'이며, 시의 각 행의 마지막에 나타나는 '봄'이라는 각운이 눈에 먼저 들어왔음을 이야

기한다. 무엇인가를 본다는 뜻의 '봄'과 계절의 '봄'을 혼용하여 사용하였으며, 특히 희망과 설렘의 분위기를 계절의 시작인 '봄'으로 표현한 것에 주목했다.

먼저 편안하면서도 무겁지 않은 분위기를 선곡하고 싶어 슈만의 〈어린이의 정경〉 중 1번 '미지의 나라들'을 선곡하였다. 낭만파 시대의 작곡가 슈만이 작곡한 〈어린이의 정경〉은 13개의 피아노 소품을 하나로 묶은 곡으로 어려운 연주 기교 없이 소박한 음악들로 슈만의 동심을 표현하고 있다. 여러 악기들이 함께 연주하면 두텁고도 화려한 화성과 음향을 느낄 수 있지만 자칫 무겁고 장중한 느낌을 줄 수 있으므로 피아노 독주곡을 선택하여 '봄'이 가진 가볍고 산뜻한 느낌을 배가시키고자 하였음을 설명한다.

그리고 이 곡의 선곡 이유를 차례로 나열하여 하나의 문장을 완성한 답안을 보여준다. 학생들은 답안의 시에 대한 나의 해석, 선곡 이유 세 가지를 확인한다. 답안을 보며 서·논술형 문항에 제시된 선곡 이유의 타당성 [음악 요소와 개념]를 다양한 예를 들어 설명한다.

♫ 독서 및 활동에 사용할 시 선택

교사의 설명이 끝나면 학생들은 교실에 미리 비치해 둔 시집을 골라 읽는다. 시의 내용이 매우 난해하거나 복잡하지 않아 쉽게 내용과 분위기를 파악할 수 있도록 국어 교사에게 추천받은 청소년 시집으로 미리 30권을 대출하였다. 원하는 시집을 골라 읽은 다음 다른 학생과 바꾸어 읽기도 하고 친구에게 추천도 해줄 수 있도록 자유로운 독서 분위기를 조성하였다.

또한 시상을 간략하게 요약하여 작성하고, 분위기에 어울리는 음악을 선곡하는 일은 생각보다 명료한 활동이 아닐 수 있으므로, 여러 수의 시를 선택하고 사진으로 찍어두도록 지도한다. 시집의 표지는 시의 분위기를 가장 함축적이고 직관적으로 나타낸 것이므로 시집의 표지도 참고 자료로 활용할 수 있게 사진 촬영을 하도록 하였다.

[나만의 음악 구상하기]
♫ 음악 선곡 및 음악 요소와 개념을 포함하여 선곡 이유 서술

선택한 시상에 어울리는 음악을 주어진 조건에 맞게 선곡한다. 선곡 조건은 1800~1900년대에 활동한 낭만파, 국민악파 작곡가가 작곡한 기악 음악이다. 이 시대의 작곡가들로 한 이유는 그 어떤 시대보다 자신의 사상과 개성이 드러나는 음악을 자유롭게 작곡했기 때문이다. 특히 표제음악이 융성하였고 예술가곡 악극 등의 성악곡과 교향시, 피아노 소품 등 기악곡 장르들이 새롭게 등장하였다.

표제음악(program music)이란 음악 외적인 이야기를 음악적으로 묘사하는 예술 음악의 한 종류로, 일반적으로 상상할 수 있는 무언가를 떠올리며 만든 음악은 대부분 표제음악이다. 표제음악의 등장으로 음악 외적인 것을 묘사한 곡들이 창작되어 시상이 나타내는 것을 구체적으로 표현한 음악을 어렵지 않게 찾을 수 있으므로 학생들의 음악 선곡의 폭이 넓어질 수 있다.

다양한 음악을 찾아서 들을 수 있도록 학생들에게 낭만파 시대의 대표적인 작곡가 이름 및 대표적인 악곡 등을 알려준다. 이 부분은 낭만파 시대

음악 감상 수업의 갤러리 워크 활동에 사용한 작곡가 카드를 활용한다. 학생들끼리 서로 고른 시를 함께 나눠 읽고, 자신이 고른 음악이 다른 친구의 시에 더 잘 어울릴 경우 추천하거나 함께 공유할 수 있도록 지도하였다. 평가할 때 조건에 맞는 선곡도 중요하지만 선곡한 이유를 음악 요소와 개념을 포함하여 작성하는 비중이 더 높으므로 무리가 없다. 오히려 상호 활발한 소통과 공유를 통해 여러 음악을 감상하고 시에 더 잘 어울리는 음악을 찾을 수 있다는 장점이 있다.

음악 선곡이 끝나면 음악 개념 및 요소를 포함하여 선곡한 이유를 작성한다. 이 부분은 서·논술형 수행평가에 해당하며, 모든 학생의 선곡이 다 끝난 후에 실시한다. 평가 준비가 완료된 학생들은 미리 시화를 제작할 수 있도록 지도한다.

🎵 교사 시화 예시 작품 소개 및 시화 제작

> **활동TIP**
>
> **시화 제작 조건**
> 1. 시화의 규격(A4, 1장) 및 제작에 활용할 디자인 플랫폼 사용 방법을 안내함.
> 2. 프로젝트 로고를 좌측 상단에 배치함.
>
>
>
> 3. 시를 골라 제목, 시인, 시를 텍스트로 작성함.
> 4. 시상이 잘 드러나는 배경, 폰트, 색상으로 표현함.
> 5. 선곡한 음악 QR코드로 제작함.
> 6. 작곡가, 제목, 선곡 이유를 서술함.

시화는 디자인 플랫폼을 이용해도 좋고 손으로 직접 그림을 그려도 좋다. A4 용지 1장 분량으로 제작하며, 프로젝트 로고를 만들어 학생들에게 배부한 후 시화의 좌측 상단에 배치할 수 있도록 했다. 시와 시인의 이름, 음악과 작곡가의 이름이 정확하게 기재될 수 있도록 강조했고, 특히 음악은 바로 들을 수 있도록 QR코드로 제작하도록 했다.

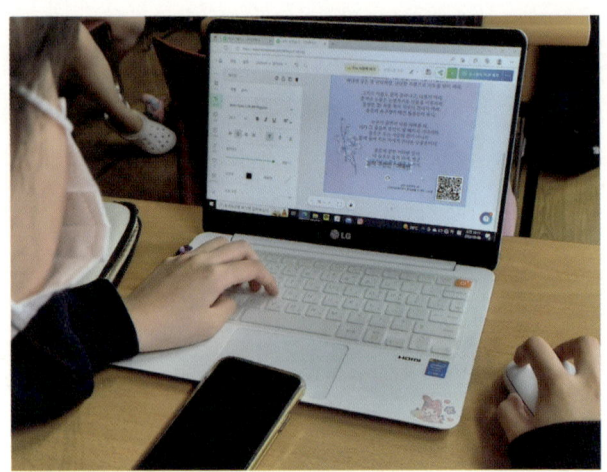

[시화를 제작하는 학생 활동 모습]

시상이 잘 드러나는 디자인이라면 금상첨화겠지만, 디자인 요소는 음악 교과에서 평가할 수 없는 영역이므로 평가 점수로는 포함하지 않는다. 다만 교내 행사에서 전시하는 만큼, 동료 평가를 통해 우수 작품을 선정할 수 있도록 하였다.

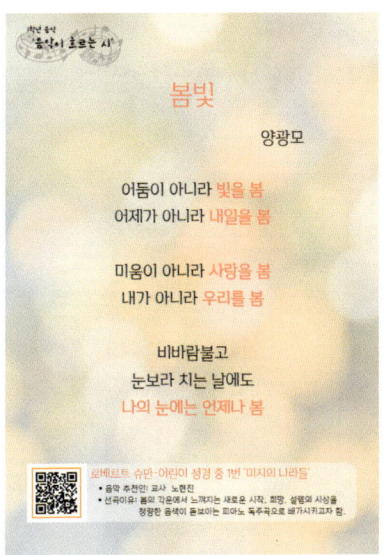

[교사 예시 작품]

　교사의 예시 작품을 통해 디자인의 일관성을 줄 수 있는 부분을 설명하였다. 봄의 이미지를 드러낼 수 있게 노란색과 옅은 주황색을 주요 색상으로 사용하였으며, 각운이 느껴지는 곳은 글자의 색깔을 달리하여 볼드체로 처리했다. 시의 길이에 따라 폰트나 행간을 조절하는 것이 좋고, 음악에 대한 설명은 표로 따로 만들어 눈에 드러나도록 하였다. 시화 전체의 틀부터 작은 요소까지 설명한 구체적인 예시가 학생들의 시화 제작에 많은 도움이 된다.

[새로운 음악으로 도약하기]
🎵 온·오프라인 시화 전시회 실시 및 동료평가

 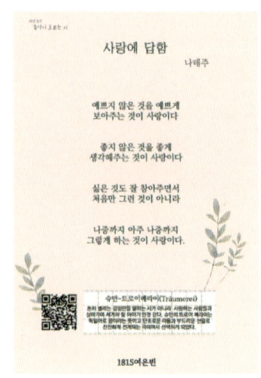

[학생이 제작한 시화 작품]

완성된 시화는 학급 단체 대화방에서 투표를 거쳐 학급별 우수작품을 선정하고, 학년 전체의 우수작품을 모아 패들렛에 업로드 하여 온라인 전시회를 실시한다. 디자인 요소는 수행평가에 반영되지는 않지만 교내 전시를 위한 동료평가 투표에는 반영됨을 설명한다.

각자 완성한 시화를 학급 단체 대화방에 이미지로 업로드 하고, 학생들은 일정 기간 동안 다른 학생들의 작품을 보며 공감과 댓글로 서로 긍정적인 피드백을 나누며 감상한다. 평가 요소를 모두 포함하고 있으며 디자인적으로 우수하다고 생각하는 작품 5개를 선정하여 '공감' 반응을 보낸다. 가장 많은 공감을 받은 작품을 반별 5점씩 모아 패들렛에 업로드한다. 학교 구성원들이 모두 함께 감상하도록 온라인 전시회를 실시하며 출력하여 교내 시울림 학교 행사에서도 전시한다.

♬ 음악의 활용 가치 이해와 토론 및 적용

수업이 끝나면 학생들은 수업 소감을 나누며 수업을 통해 새롭게 알게 된 점과 느낀 점 등을 발표한다. 특히 음악의 기능과 가치, 음악과 삶과의 관계, 시와 음악의 융합이 주는 긍정적인 효과 등에 대해 자유롭게 의견을 나누어 본다.

4. 채점 기준표

평가요소 (내용요소)	총점	채점기준	배점
낭만파 또는 국민악파 음악선곡 (다양한 종류의 음악)	30	[기준]2가지 포함	30
		[기준]1가지 포함	20
		선곡하였으나 [기준]에 적절한 음악이 아님.	10
		[기준] 음악 선곡 조건 □ 1800~1900년대에 활동한 작곡가의 음악(낭만파, 국민악파 음악) □ 가사가 없는 음악(기악곡)	
음악요소 및 개념을 구별하여 선곡이유 작성 (음악의 구성)	50	[기준]3가지 포함	50
		[기준]2가지 포함	40
		[기준]1가지 포함	30
		서술하였으나 [기준]에 적절한 내용이 아님.	20
		[기준] 선곡 이유의 타당성 □ 리듬 : 긴 리듬, 짧은 리듬, 반복되는 리듬, 부점 리듬, 셋잇단음표 리듬 등 □ 선율 : 상행하는 선율, 하행하는 선율, 도약이 많은 선율, 완만한 선율 등 □ 음계/화성 : 다양한 음계 사용, 민속음계, 재즈음계, 불협화음의 사용 등 □ 박자 : 2박, 3박, 4박 계통 □ 빠르기 : 매우 느림~매우 빠름, 점점 빨라지거나 점점 느려지거나 등 □ 셈여림 : pp~ff, 크레센도와 데크레센도, 급격한 셈여림의 변화 등 □ 음색/음향 : 사용되는 특별한 악기나 목소리, 편성, 전체 소리의 조화 등	
시화 제작 (음악과 행사)	20	[기준]3가지 포함	20
		[기준]2가지 포함	15
		[기준]1가지 포함	10
		제작하였으나 [기준]과 맞지 않음.	0
		[기준] 시화 제작 필수 요소 □ 작곡가와 음악의 정확한 제목 □ 선택한 시와 시인의 이름 □ 음악을 바로 들을 수 있는 QR코드	
유의사항	※ 학급별로 동료평가를 실시한 결과에 따라 반별 우수작을 시울림 학교 행사에 전시함.		

5. 학생들의 프로젝트 후기

| 음악 해상도 up | 시는 음악에 문학적인 의미를 부여해주고, 음악은 시에 분위기를 곁들여 준다는 것을 느낄 수 있는 수업이었습니다.
음악적 감성 역량 UP | 다양한 음악 구성요소들을 제대로 이해하고 분석하며 음악을 감상해서 음악을 깊이 이해할 수 있었어요.
음악적 소통 역량 UP | 다양한 예술을 경험하게 되어 나의 예술적인 취향에 대해 알게 되었고, 생활 속에서 음악 감상을 즐길 수 있게 되었다.
자기관리 역량 UP |

( )학년 ( )반 ( )번 이름 ( )

자율공립고
북삼고등학교

음악 감상이 일상이 되는 순간
음악, 아는 만큼 들린다!

노현진
선생님

'시울림 학교' 연계 학생 주도적 프로젝트 수업
[음악이 흐르는 詩]

- 관련 성취기준: [12음01-04/02-01/02-02] 다양한 종류의 음악을 듣고 다양한 예술에 어울리는 음악 작품을 만들어, 음악의 특징 및 고등학교 수준의 음악 요소 및 개념을 구분하여 설명한다.
- 교과 핵심역량: 음악적 창의·융합 사고 역량, 음악 정보 처리 역량, 자기 관리 역량

※ '음악이 흐르는 시(詩)' 프로젝트를 통해 마음에 드는 시를 선정하여 그에 어울리는 음악을 선곡하는 활동을 합니다. 자신의 관점에서 해석한 시에 드러난 감정, 분위기 등의 시상을 바탕으로 선곡한 이유를 음악 요소와 개념을 2가지 포함하여 서술하세요.

선곡 이유의 타당성 [기준]
- 리듬: 긴 리듬, 짧은 리듬, 반복되는 리듬, 붓점 리듬, 셋잇단음표 리듬, 특정 리듬의 대비 등
- 선율: 상행하는 선율, 하행하는 선율, 도약이 많은 선율, 완만하고 부드러운 선율 등
- 음계/화성: 단음계, 민속 음계, 재즈 음계, 장화음, 단화음, 의도적인 불협화음의 사용 등
- 박자: 2박, 3박, 4박, 혼합 박자 등
- 빠르기: 매우 느림, 매우 빠름, 점점 빨라지는 빠르기, 점점 느려지는 빠르기 등
- 셈여림: pp~ff, 크레셴도와 데크레셴도, 급격한 셈여림의 변화 등
- 음색/음향: 악기나 목소리의 특징, 악기편성(연주 형태), 전체 악기 소리의 조화, 의도적 소음 등
- 그 외: 반주의 특징, 주법, 발성법 등

◎ 예시

봄의 각운에서 느껴지는 새로운 시작, 희망, 설렘의 분위기를 걸음걸이와 비슷한 Moderato의 빠르기로 편안함을 주고, 단순한 리듬과 선율이 돋보이는 피아노 독주곡의 청량한 음색으로 배가시키고자 함.

◎ 예시 분석

봄의 각운에서 느껴지는 희망, 설렘의 분위기가 나타난다.	← 시에 대한 나의 해석
걸음걸이와 비슷한 Moderato의 빠르기로 편안함을 주고	← 선곡 이유① 빠르기
단순한 리듬과 선율의 피아노 독주곡으로 청량한 음색을 통해	← 선곡 이유② 악기의 음색
청량한 음색이 돋보이는 피아노 독주곡으로 배가시키고자 함.	← 선곡 이유③ 연주 형태

시 제목		시인 이름	
음악 제목		작곡가 이름	

Picture 7 　교내 갤러리 음악 코디네이터

1. 프로젝트 의도

학생들에게는 자신의 음악적 흥미와 적성은 무엇인지, 어떤 분야의 직업을 가질 수 있는지 알아보는 기회가 필요하다. 음악과 관련된 직업을 알아보는 활동은 학생들에게 진로에 대해 생각해보고 자신의 소질과 적성에 맞게 진로를 계획할 수 있는 기회를 제공한다. 특히 음악 코디네이터는 직업적 규모가 빠르게 확대되는 추세를 보이고 있으며, 음악 마케팅 분야가 활발히 개척되고 있으므로 미래 전망이 밝은 직업 중 하나이다.

"음악이 하고 싶은데 부모님이 반대해요." "연주자 말고 다른 직업이 있어요?"	▶	미래 전망이 좋은 음악 관련 직업탐색과 직무 체험을 통한 새로운 진로 설계 기회 제공

스스로 현재 진로 단계 및 상황을 되돌아보며 혹시 부족한 능력이나 상황, 진로 관련 정보 부족 등 다양한 이유로 꿈을 포기한 적은 없었는지 생각해본다. 이를 극복할 수 있는 방법에 대해 이야기를 나누며 음악 관련 직업을 탐색할 수 있도록 동기를 유발한다.

 | 학생 주도적 수업 요소 | ♪ 교내 갤러리 공간에 어울리는 배경음악 플레이리스트 생성
♪ 새로운 공간을 위한 음악 코디네이터 활동 지속적 도전 |

음악 코디네이터의 산업 전망 및 연봉 수준, 업무의 내용과 순서, 필요한 능력과 지식, 태도, 진로 로드맵 등을 알아본다. 직업에 대한 세부 정

보를 바탕으로 교내 갤러리 공간에 어울리는 음악을 선곡해봄으로써 음악 코디네이터의 실제 직무를 체험해볼 수 있도록 수업을 설계하였다.

2. 교육과정 분석 및 재구성

기존 성취기준	재구조화한 성취기준
[12음01-04] 다양한 예술에 어울리는 음악 작품을 만든다. [12음02-02] 다양한 종류의 음악을 듣고 음악의 특징을 비교하여 설명한다. [12음03-02] 음악과 관련된 직업에 대해 조사하여 발표한다.	(2015 개정 교육과정 3-(3)-(다) 교수·학습 방법 유의 사항 참고) [12음03-02] 음악과 관련된 직업에 대한 다양한 정보를 제공하여 학생들이 적극적으로 직업을 탐색하도록 한다. [12음01-04/02-02] 다양한 종류의 음악을 듣고 음악의 특징을 이해하여 다양한 예술에 어울리는 음악 작품을 만든다.

프로젝트 목표	음악 코디네이터의 직업 정보와 직무를 탐색하고, 교내 갤러리에 어울리는 재생 목록을 만들 수 있다.
내용 요소	음악과 직업, 다양한 종류의 음악

Pixel 프로젝트 흐름에 따른 차시별 주요 활동	 1차시	♪ 음악 코디네이터 직업 탐색 ♪ 교내 갤러리 전시 관람 및 작품/공간 선택
	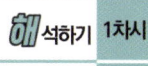 2~3차시	♪ 활동을 위한 뮤직 스트리밍 플랫폼 사용법 설명 ♪ 갤러리에 어울리는 배경음악 선곡
	도약하기 4차시	♪ 음악 공유 및 선정된 배경음악 갤러리 활용 ♪ 새로운 공간을 위한 음악 코디네이션 도전

3. 학생 주도적 프로젝트 수업 실시

[기존의 음악 해석하기]
♬ **음악 코디네이터 직업탐색**

[프로젝트 목표와 의의를 설명]

    대체로 사람들은 음악을 즐기는 대상 또는 배움의 대상으로 생각하지만 이를 넘어서 음악적 삶을 영위하는 사람들도 있다. 이들은 음악에 대한 자연스러운 관심에서 시작하여 적성을 발견하는 과정으로 나아갔을 것이다. 학생들은 이번 수업을 통해 음악 코디네이터라는 직업과 관련한 다양한 정보에 대해 알아보고, 직업의 직무를 체험해 볼 것이다. 이를 바탕으로 음악 관련 직업의 사회적 기능과 가치에 대해 이해하고 진로를 설계할 수 있는 기회를 제공하는데 수업의 의의가 있다.

    음악은 우리의 일상과 삶에 필요하지만 공간에 어울리는 음악은 다르다. 백화점이나 대형 마트, 헬스장이나 놀이공원, 전시회나 박물관 등 그 공간의 성격에 따라 모두 다른 음악이 필요하며, 시간과 대상에 따라서도 다른 음악이 필요하다. 어떤 공간에 들어갔을 때 들리는 음악 소리에 따라 그 장소의 인상이 달라지며, 이때 음악은 더 머무를지 떠날지를 결정하는 중요한 요인 중 하나이다. 이렇게 공간을 울릴 음악을 선정하고 관리하는 전문가를 음악 코디네이터라고 부른다.

음악 코디네이터는 우리나라에는 아직 많이 알려지지 않았지만 해외에서는 꽤 오래전에 이 직업이 생겨났으며, 관공서, 병원 등 국내외 다수의 공공기관과 기업의 오프라인 공간뿐만 아니라, 유튜브, SNS 등 온라인 공간까지 폭발적인 수요를 보인다. 배경음악 서비스가 필요한 공간의 위치, 시간, 대상 그리고 날씨, 계절, 특정한 행사 등에 맞추어 어떤 음악을 제공할지 전체적으로 기획하고 음악을 선곡한다. 고객의 감성을 자극하는 기업의 음악 마케팅 분야가 점점 개척되고 있고 음악 활용 범위의 확장이 두드러지는 만큼 직업의 전망은 밝은 것으로 본다.

또한 음악 코디네이터는 다른 음악 관련 직업과 달리 한쪽에 치우친 음악 지식만으로는 부족하다. 다양한 음악에 대한 안목, 통찰력과 분석력, 꾸준한 자기 계발이 필요하다. 오래전부터 만들어진 수많은 음악에 대한 이해와 매일 같이 쏟아져 나오는 최신 음악에 대한 정보까지 시기와 장르, 문화와 상관없이 폭넓은 지식이 뒷받침되어야 한다. 그 외 저작권 문제, 마케팅 지식, 음악 편집 소프트웨어를 활용하는 능력까지 갖춰야 한다. 공간에 어울리는 음악을 재생시키는 데에도 다양한 전략과 음악적 지식이 필요하다.

먼저 음악 코디네이터의 개념, 업무의 내용과 진행 순서, 필요한 직업 역량과 지식, 태도, 산업 전망 및 연봉 수준, 진로 로드맵, 관련 학과 등에 대한 정보를 조사하여 직업에 대한 이해를 높인다. 커리어넷, 워크넷 등에서 매장 배경음악 전문가 및 그와 유사한 직업 정보를 탐색한다.

♪ 교내 갤러리 전시 관람 및 작품/공간 선택

[교내 갤러리 소소를 둘러보는 학생 모습]

교내에서 음악을 코디네이션 할 수 있는 적절한 공간을 찾아 나섰다. 그중 우리 학교의 교내 갤러리 〈소소〉는 4층까지 뚫려있는 높은 천고와 큰 창으로 가득찬 복도의 맨 아래층에 다각형의 모양의 공간에 위치하고 있으며, 수업 및 동아리 결과물뿐만 아니라 교사, 학부모 등 여러 학교 구성원들 작품, 국제교류 상대 학교에서 보내온 작품까지 다양하게 전시하고 있다.

이 공간에 어울리고 편안한 분위기를 제공하는 음악을 통해 전시를 관람하는 데 도움을 주고자 한다. 하나의 작품이 아니라 작품의 제작 기법 및 사용한 소재, 작품의 장르 등 공통적인 요소로 구성된 전시 파트나, 갤러리 전체 공간에 어울릴만한 음악을 생각하며 배경음악 플레이리스트의 앨범 표지로 사용할 사진을 촬영한다.

[나만의 음악 구상하기]
🎵 활동을 위한 뮤직플랫폼 사용법 설명

음악 코디네이터 활동을 위한 뮤직플랫폼 사용법을 설명한다. 학생들이 만든 배경음악 플레이리스트를 학급 단체 채팅방에 공유하고 함께 감상하기에 편리한 뮤직플랫폼을 선택하여 작성 및 공유 방법을 교사의 플레이리스트를 예시로 보여주며 설명한다.

활동TIP

활동을 위한 뮤직플랫폼 메뉴 사용법
1. Melon 뮤직플랫폼 가입하기(무료가입으로 프로젝트 활동 가능)
2. 내 프로필-플레이리스트 만들기 메뉴에서 플레이리스트 표지용 사진 삽입
3. 플레이리스트 제목 및 소개글 입력하기
4. 곡추가(10곡) 후 학급 단체 채팅방으로 공유하기
5. 공유한 음악 함께 감상하고 공감 반응하기

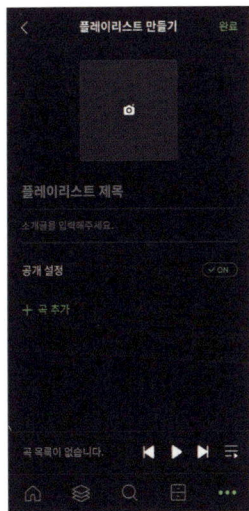 

[교사가 제작한 플레이리스트 예시]

🎵 갤러리에 어울리는 배경음악 선곡

음악 코디네이터의 업무 순서를 확인한 후 전시에 어울리는 음악을 조건에 맞게 선곡한다. 음악은 경험을 연결하고 확장시키는 가장 좋은 방법 중 한가지이다. 전시에 음악이 더해져 관람객의 경험이 확장되도록 하는데 활동의 목표를 두고 경험의 확장은 여러 요소가 조화롭고 하나의 맥락을 가지고 있을 때 가능함을 설명한다. 또한 갤러리 배경음악의 필수조건에 대해 함께 토론한 후 선곡활동을 시작한다.

> **활동TIP**
>
> 학생들과 토론 결과로 얻은 갤러리 배경음악의 필수조건
> 1. 가사 등 전시 몰입에 방해가 되는 요소가 없는 음악일 것.
> 2. 작품을 해석하여 전시 분위기를 더 증폭시킬 수 있는 음악일 것.
> 3. 배경음악이 모두 하나의 음악처럼 들리도록 빠르기, 음색, 분위기 등의 음악요소에 일관성이 있을 것.

[새로운 음악으로 도약하기]
🎵 배경음악 갤러리 활용 및 새로운 공간을 위한 음악 코디네이션 도전

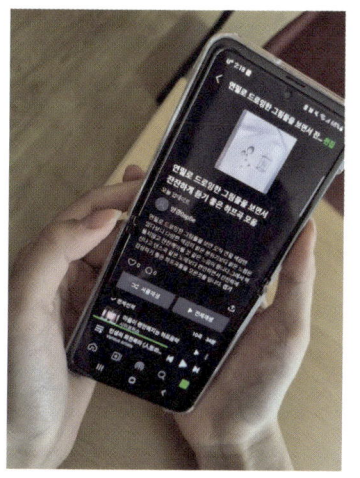 

[학생들이 제작한 플레이리스트 목록]

학급 단체 대화방에 공유된 음악을 함께 감상하고, 많은 공감을 받은 음악들의 URL을 QR코드로 제공하여 교내 갤러리 배경음악으로 활용한다. 또 '행복한 꿈을 꾸는 시 정원' 및 '갤러리 상상' 등 새로운 공간을 위한 음악 코디네이션 활동에 자율적으로 참여할 수 있도록 학생들에게 소개한다. 학생들의 자발적 참여로 이루어진 배경음악이 새로운 공간의 배경음악으로 활용할 수 있도록 추진한다.

4. 학교생활기록부 작성 예시

음악 코디네이터의 직업 정보 및 진로 로드맵을 알아보고, 교내 갤러리 공간에 어울리는 음악을 선곡함. 옵티컬 아트 작품 전시를 선택하였으며 역동적이며 조직적인 입체의 특징이 배가되도록 헝가리의 현대음악 창시자인 벨라 바르톡의 피아노 음악 10곡을 선곡함. 선곡한 음악의 빠르기, 음색 등의 음악요소에 일관성이 있으며 불규칙한 리듬과 강세, 타악기적인 거친 음향, 수학적 원리를 응용한 구성미 등을 근거로 선곡 이유를 서술함. 이후 음악과 수학의 관계에 관심을 갖게 되어 스스로 화성학을 공부하고 교사에게 질문하는 등 관련 내용을 심화하여 탐구하는 모습을 보임.

5. 학생들의 프로젝트 후기

음악 해상도 up	서로 다른 예술 장르가 만나 상호보완하고 심화시키는 예술적 감성과 가치를 직접 느껴볼 수 있는 수업이었습니다. 음악적 감성 역량 UP	조건에 따라 클래식 음악을 검색하고, 음악의 구성을 생각하며 감상하여 음악을 듣는 안목이 생긴 것 같아요. 음악적 소통 역량 UP	모든 활동에서 나에게 선택권이 주어지고, 책임감 있게 과제를 스스로 완성해가는 과정에서 성취감을 얻게 되었습니다. 자기관리 역량 UP

Picture 8 음악을 활용한 생명사랑실천

1. 수업 설계 의도

　2015 개정 교육과정은 음악의 실생활 활용 가능성을 제고한 교육과정으로 학교 음악 교육에서 특히 음악의 생활화를 중요하게 강조하고 있고, 2025년부터 시행될 2022 개정 교육과정도 같은 맥락을 띄고 있다. 학생 개인의 음악은 학교 음악과 많은 공통분모를 가진다. 학교 음악 교육과 일상생활이 함께하는 환경을 조성하여 학생들이 음악을 삶의 일부로 받아들이고 음악을 활용한 소통의 즐거움을 느끼며 정서적 안정과 바람직한 인성을 함양하도록 도와주어야 한다.

> "우리 학교는 다양한 행사가 있어서 좋아요"
> "말보다 음악이 주는 감동이 더 큰 것 같아요"
> ▶ 음악과 관련된 다양한 행사에 참여하여 음악이 주는 강력한 감동의 메시지를 경험하기

　1학기 생명사랑 교육주간에는 '소중한 너를 위한 노래'를 주제로 관련 활동을 한다. 가족, 친한 친구 등 주변의 소중한 사람들에게 그 동안 말로 표현하지 못했던 고맙고 소중한 마음을 담아 음악을 선물하고 소통하는 기회를 가진다.

　2학기 생명사랑 교육주간에는 9월 11일 세계 자살예방의 날의 의미를 알아보고 '나는 소중해요' 활동을 진행한다. 나에 대해 자세히 살펴보고 소중함을 느끼며, 힘이 되는 응원의 메시지나 위로의 메시지를 담은 가사를 찾아 필사하고 음악을 공유한다.

	학생 주도적 수업 요소	♪ 음악으로 감사와 위로의 감정을 표현하고자 하는 대상을 선정 ♪ 전하고 싶은 메시지 내용 및 들려주고 싶은 음악 선곡의 자유

소중한 이와 자기 자신에게 주는 음악 선물을 통해 말보다 강력한 음악이 주는 위로와 용기의 메시지를 전달하고, 더불어 정서적 어려움에 대한 학생들 스스로의 인지능력과 대처능력의 향상시킬 수 있도록 하는데 의의가 있다.

2. 교육과정 분석 및 재구성

기존 성취기준	재구조화한 성취기준
[12음03-01] 음악과 관련된 다양한 행사에 참여 행사에 대해 평한다. [12음02-02] 다양한 종류의 음악을 듣고 음악의 특징을 비교하여 설명한다.	▶ [12음03-01/02-02] 음악과 관련된 다양한 행사에 참여하여 다양한 음악을 듣고, 음악의 특징 및 행사에 대해 평한다.

프로젝트 목표	음악과 관련된 다양한 교내 행사에 참여하고, 음악이 우리 삶을 얼마나 가치 있고 풍요롭게 하는지 음악의 역할과 가치에 대해 토의한다.
내용 요소	다양한 종류의 음악, 음악과 행사

프로젝트 흐름에 따른 차시별 주요 활동	해석하기	1차시	♪ 생명사랑 교육주간의 의의와 교내 행사 소개 ♪ 음악 융합 활동 안내(학기별 1회)
	구상하기	2차시	♪ 1학기: 존재만으로도 소중한 너를 위한 노래 ♪ 2학기: 나는 소중해요(노랫말 필사)
	도약하기	3차시	♪ 음악의 역할과 가치에 대해 토의

3. 학생 주도적 프로젝트 수업 실시

[기존의 음악 해석하기]
♬ 생명사랑 교육주간의 의의와 수업 소개

　우리나라 자살률은 OECD 회원국 중 가장 높은 수치를 나타내고 있다. 자살에는 여러 가지 복합적인 이유들이 있지만 10대들의 자살 이유 중 대부분이 정신적인 어려움 때문이라고 한다. 생명의 존귀함을 깨닫고 자신의 소중함을 일깨워 자존감을 높이고, 음악 교과 특성을 살린 활동으로 수업할 예정임을 교사의 예시 자료를 활용하여 설명한다.

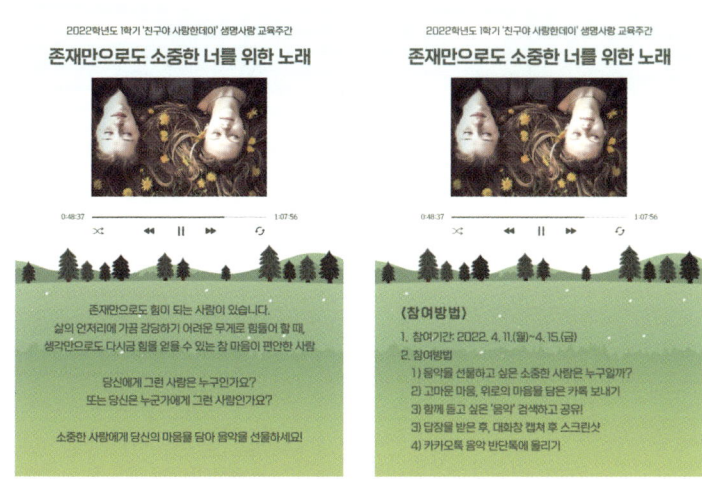

[1학기 '친구야 사랑한데이' 생명사랑 교육주간 활동 내용 소개]

[2학기 '나를 사랑해요' 생명존중 교육주간 활동 내용 소개]

[나만의 음악 구상하기]
♬ 1학기: 존재만으로도 소중한 너를 위한 노래

'소중한 너를 위한 노래'(1학기)는 소중한 사람에게 고맙고 소중한 마음을 담은 메시지와 함께 듣고 싶은 음악을 공유하는 활동이다. 전하고 싶은 메시지를 작성한 후 함께 듣고 싶은 음악을 함께 보낸 후 받은 답장을 읽어보는 과정에서 서로 위로하고 응원하는 마음을 함께 공유한다.

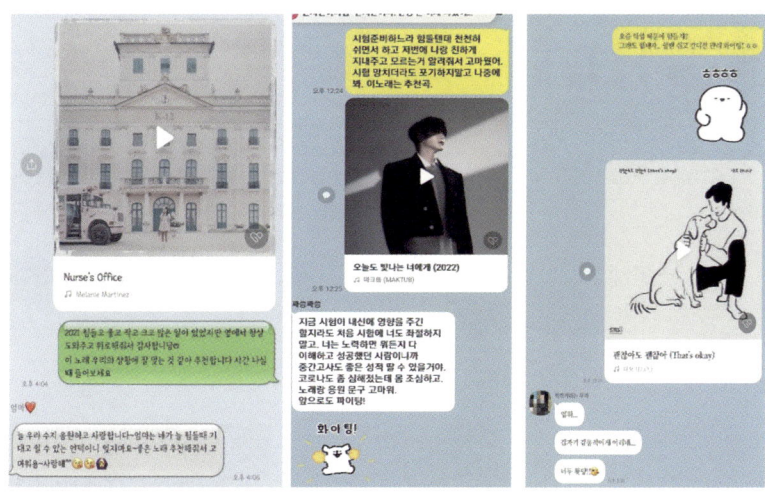

[1학기 학생 활동 결과물]

🎵 2학기: 나는 소중해요(노랫말 필사)

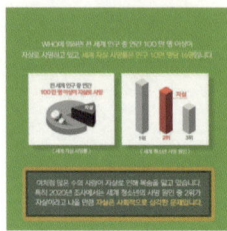

[자살예방의 날 관련 카드 뉴스]

'나는 소중해요'(2학기) 활동은 9월 11일 '세계 자살 예방의 날'을 맞아 스스로를 위로하고 응원해주는 음악을 찾아 감상하고, 마음에 와 닿는 가사를 필사하거나 캡처하여 내용을 공유하는 활동이다.

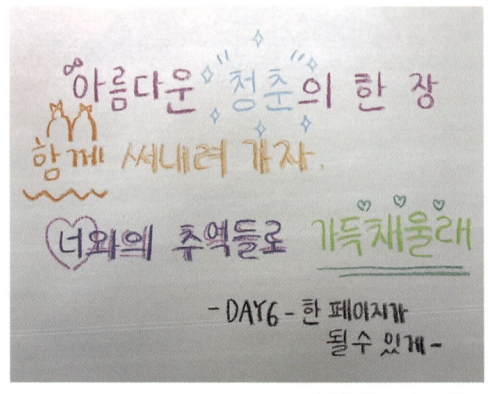
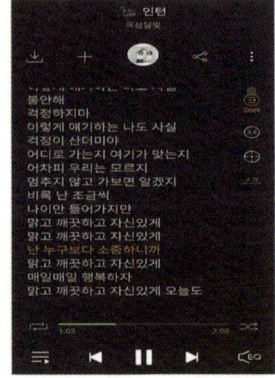

[학생 활동 결과물]

[새로운 음악으로 **도**약하기]

메리엄의 음악의 기능 분류를 알아보고, 삶 속에서 음악이 어떠한 다양한 역할과 가치를 가지는지 경험을 바탕으로 발표한다.

활동TIP

메리엄(Merriam)의 음악의 기능 분류

감정 표현	말로 표현하기 힘든 생각이나 감정을 전달
미적 즐거움	미를 추구하는 인간의 본능, 풍요로운 삶을 위한 필수 요소
오락의 방법	오락의 내용을 가져오는 도구의 역할
커뮤니케이션의 방법	시대적·사회적·문화적 배경에 따라 의미가 달라짐.
상징적 표현	기호나 부호뿐만 아니라, 가사 속의 상징적인 반향 포함
신체적 반응 유발	뼈 근육의 운동을 자극시키며, 에너지와 리듬 제공
사회규범과 관련	소속된 집단에서 기대되는 행동을 하도록 유도
사회기관과 종교의식	국가, 찬송가등으로 신념과 신앙을 확인
사회와 문화의 연속성	가치, 시대나 세대의 심리적인 형상을 표현하는 방법
사회 통합에 기여	사람들을 모이게 하고 참여시키고 하나로 결집시킴.

출처 : 음악심리학(루돌프 라도시&데이비드 보일 공저, 최병철 방금주 공역, 2001)

4. 학생들의 프로젝트 후기

음악 해상도 up	서로 다른 예술 장르가 만나 상호보완하고 심화시키는 예술적 감성과 가치를 직접 느껴볼 수 있는 수업이었습니다. **음악적 감성 역량 UP**	조건에 따라 클래식 음악을 검색하고, 음악의 구성을 생각하며 감상하여 음악을 듣는 안목이 생긴 것 같아요. **음악적 소통 역량 UP**	모든 활동에서 나에게 선택권이 주어지고, 책임감 있게 과제를 스스로 완성해가는 과정에서 성취감을 얻게 되었습니다. **자기관리 역량 UP**

CHAPTER 3. 수업 결과

Present 수업 결과(현재 상태)	음악 해상도 UP 📈 수업 효과(핵심 역량)
다양한 예술과 음악을 연계하여 독창적인 아이디어를 산출하고 현상에 융합하여 활용함.	타 예술을 음악적 정서로 표현하고, 상황에 맞게 융합하여 활용함. **음악적 창의·융합 사고 역량 UP**
다양한 형태와 장르의 공연 문화를 이해하고, 공연을 통해 학교의 예술적 풍토 조성 및 문화 발전에 기여함.	사회 구성원으로서 소속된 공동체의 발전을 위해 자신의 역할을 함. **문화적 공동체 역량 UP**
자신의 생각과 느낌을 음악으로 표현하고, 준비 단계 및 연주 과정에서 원활한 소통을 통해 공연을 마침.	다른 사람의 음악적 표현 및 준비 과정에서 의견을 조정하고 협업함. **음악적 소통 역량 UP**
음악 감상뿐만 아니라 다양한 예술 경험을 생활화하여 표현력과 감수성을 기르고 문화적 소양을 높임.	음악 감상 및 음악을 생활화 하려는 태도를 갖추고, 음악 애호가의 자질을 함양함. **자기관리 역량 UP**

부록

맛있는 공연 레시피

맛있는 공연 레시피

1. 프로젝트 의도

고등학생들의 삶의 패턴을 감안하여, 다양한 형태의 교내 문화예술 행사를 개최하였다. 학생들이 학교 음악 교육과 일상생활이 함께 하는 환경 속에서 적극적으로 음악 활동을 할 수 있도록 장을 마련하였다.

> "공연을 할 수 있는 무대와 기회가 많아졌으면 좋겠어요."

▶ 교내외 문화예술 공연 기회를 만들어 음악 수업 시간에 갈고 닦은 음악성 발현하기

수업 시간을 통해 연습한 다양한 표현 활동을 공연할 수 있도록 다양한 문화예술 행사를 개최하고 학생들은 공연에 참여하기 위해 자기 주도적으로 연습하거나 함께 여럿이서 기획하고 준비하는 과정을 거친다. 이러한 일련의 과정으로 음악성과 창의성을 기르며, 음악의 가치를 깨닫고 내면화하게 된다.

 | 학생 주도적 수업 요소 | ♪ 교내 문화예술 행사 참여 여부 결정(출연자)
♪ 행사 기획 및 준비 단계에서 스태프(조력자) 역할도 가능

2. 교육과정 분석 및 재구성

프로젝트 목표	다양한 문화예술 공연 프로그램에 참여하여 자신만의 예술을 표현하고 생활 속에서 문화예술을 향유한다. 더불어 학교 구성원 모두에게 활력을 주는 학교 분위기를 조성한다.
내용 요소	음악과 행사 다양한 종류의 음악

기존 성취기준	재구조화한 성취기준
[12음03-01] 음악과 관련된 다양한 행사에 참여하고 행사에 대해 평한다. [12음01-01] 악곡의 특징을 이해하며 개성 있게 노래 부르거나 악기로 연주한다.	▶ [12음03-01/01-01] 음악과 관련된 다양한 행사에 참여하여 개성 있게 노래 부르거나 악기로 연주한다.

Pixel 프로젝트 흐름에 따른 차시별 주요 활동		1차시	♪ 교내 문화예술 행사 안내 ♪ 원하는 공연, 역할 결정
	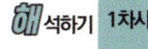	2~3차시	♪ 참가자 : 공연 연습 및 연출 ♪ 조력자 : 무대 기획 및 세팅
	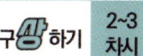	4차시	♪ 공연 실시 ♪ 공연 종료 후 자체 평가회 및 소감 나눔

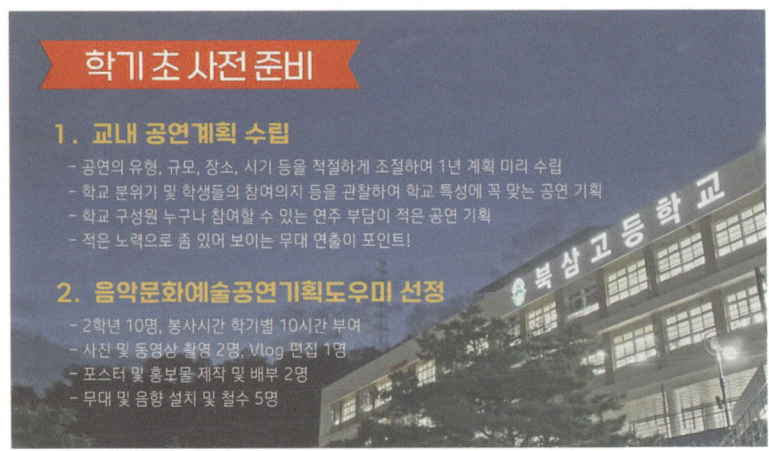

맛있는 공연 레시피 1　　　　　　　　　　　　　　*Recipe note 1*

등굣길 음악회, 부르면 당장 달려가는 음악선생님의 반주 지원
Good Morning Concert

공연 준비 과정	유의사항
1. 학기 초 음악교과 자기소개서를 활용하여 악기 연주에 특기가 있는 학생 발굴	1학년 섭외, 3학년 음악연주 그룹
2. 공연 참가 조건 및 준비 사항 홍보	누구나 참여 가능, 2~3곡 준비
3. 공연 희망자와 일정표 조율 (몇 월, 몇째주 정도까지만)	학교장 사전 구두 보고 후 진행
4. 1주일 전: 공연 관련 내부결재, 교내 공연 홍보	학년 게시판 A4 포스터 활용
5. 1일 전: 현수막, 배너 2, 레드카펫(부직포) 미리 설치	음악공연기획도우미(10명)
6. 당일: 공연 20분전 악기 및 음향 설치, 연주자 및 곡목 소개 안내판 설치(2)	방송반(촬영 2명) 협조

공연시간	학기별 2회, 30분(08:00~08:30)		
공연장소	교문, 중앙현관 앞, 지하 출입구 앞		
공연구성	1~2인 독주 및 중주 팀		

맛있는 공연 레시피 2　　　　　　　　　　　　　　*Recipe note 2*

모두가 꿈꾸는 무대, 낭만적인 저녁 야외 버스킹
별빛정원독창회

공연 준비 과정	유의사항
1. 공연 장비: JBL PARTY BOX ON THE GO, 앵두 전구, 레드 윤형 러그	케이블릴, 멀티탭 필수
2. 오디션 공지 및 접수: 카카오톡 오픈채팅 활용 신청 및 음원 파일 업로드	학생회 문화부, 예술부 4명
3. 오디션 공지, 점심시간 학년별 마음껏 오디션 실시	오디션 영상 촬영(심사 간소화) 특별출연(교사) 섭외
4. 1주일 전: 참가자 공지, MC 선발 및 대본 작성	매끄러운 진행을 위해 점검 필수!
5. 당일: 석식시간 활용하여 무대 및 장비 설치, 음원 최종 점검	음공도우미(10명), 학생회(4~@명) 방송반(촬영 2명)

공연시간	학기별 1회, 20분(20:00~20:20)		
공연장소	별관 1층 야외휴게공간		
공연구성	1, 2, 3학년 각 1팀, 특별출연 1팀		

맛있는 공연 레시피 3

Recipe note 3

시울림뜰에서 펼쳐지는 아름다운 피아노 연탄곡 연주회
4Hands Piano Duet

공연 준비 과정	유의사항
1. 공연 장비: 그랜드 피아노, 베너, MC용 마이크 (JBL PARTY BOX ON THE GO)	악보 집계(필수)
2. 공연 희망자 섭외 (연주시간 및 레퍼토리 조정 가능, 최소 3명)	혼자 연주하기는 부담스러운 학생, 피아노 연주의 실력이 우수한 학생
3. 공연 프로그램 조율 및 리플렛 제작	Tip! 음악회 리플렛 스타일로 제작
4. 1주일 전: MC 선발 및 대본 작성, 공연 홍보 및 리플렛 배부	일기예보 확인(야외 공연)
5. 당일: 그랜드 피아노 이동 또는 대여 설치, 음향 및 추가 관람석 셋팅	음공도우미(10명) 방송반(촬영 2명)

공연시간	연 1회, 점심시간 40분(12:50~13:30)
공연장소	교내 시울림뜰 야외 무대
공연구성	학생 3명, 교육실습생 1명, 교사 1명

맛있는 공연 레시피 4

Recipe note 4

사제동행 퍼포먼스 공연, 북삼고등학교의 꽃, 소축제
라온이로다

공연 준비 과정	유의사항
1. 공연 장비: 대형 스피커 와 콘솔박스, 대형 현수막, 베너 2	음향 전문 스태프 필요
2. 오디션 공지 및 접수: 카카오톡 오픈채팅 활용 신청 및 음원 파일 업로드	특별출연팀(교사+@) 섭외
3. 오디션 공지 및 실시: 야자 1부, 공개 오디션(공연 장르, 학년 고려)	학생회 회장단 및 문화부, 예술부 7명 문화홍보부 교사 2명 심사
4. 1주일 전: 참가자 공지, MC 선발 및 대본 작성, 음향 장비 점검	점검 후 이상 시 수리 기간 확보
5. 당일: 점심시간 이후 무대 및 음향 설치, 6교시 최종 리허설(동아리 시간)	음공도우미(10명), 학생회(4+@명) 방송반(촬영 2명)

공연시간	학기별 1회, 7교시(15:40~16:30)
공연장소	라온이로다 전용 야외무대
공연구성	총 7팀

맛있는 공연 레시피 5

Recipe note 5

밴드로 하나되자! 교내 연합 밴드 공연
LET'S BAND

공연시간	학기별 1회, 점심(12:50~13:30)
공연장소	라온이로다 전용 야외무대
공연구성	총 5~6팀

공연 준비 과정	유의사항
1. 공연 장비: 락밴드/어쿠스틱 밴드 악기 및 음향 장비, 입체 로고(우드락)	음향 전문 스태프 필요
2. 학기초 장체동아리/자율동아리, 방과후 학교 등 밴드부 조직	-락밴드: 장체 2팀, 자율 1팀, 3학년 1팀 -어쿠스틱밴드: 방과후학교 2팀 -교사밴드: 1팀　　　　(총 7팀)
3. 팀당 2~3곡 이상 연주 미리 공지 후 선곡, 연습	
4. 1주일 전: 공연 홍보, 프로그램 게시, MC 선발 및 대본 작성	점검 후 이상 시 수리 기간 확보
5. 당일: 오전 중 음향 설치, 최종 리허설(동아리 시간)	음공도우미(10명) 방송반(촬영 2명)

부록 맛있는 공연 레시피　155

| 참고문헌 |

교육부(2015), 2015 개정 교육과정 초 · 중등 교육과정 총론
교육부(2023), 학교생활기록 작성 및 관리 지침 훈령 433호
교육부(2018), 2015 개정 교육과정 평가 기준 –음악과-
교육부(2021), 중 · 고등학교 음악과 교육과정 재구성 예시 자료집
경기도교육청(2021), 학생의 역량을 키우는 성장중심평가 실천하기
경상북도교육청(2023), 경상북도 고등학교 교육과정 편성 · 운영 지침(고시 제2022-12호)
공규택 외 1인(2020), 『국어시간에 노랫말 읽기』, 휴머니스트
그림책사랑교사모임, 『중등 그림책 수업』, 교육과 실천
김선 외 2인(2017), 『수행평가와 채점기준표 개발』, 도서출판AMEC
솔밭중학교 학습공동체(2019), 『교과 융합 프로젝트 수업과 학습공동체 이야기』, 테크빌교육
유영식(2020), 『수업 잘하는 교사는 루틴이 있다』, 테크빌교육
유영식(2018), 『교육과정 문해력』, 테크빌교육
유영식(2017), 『과정중심평가』, 테크빌교육
장근주 외 2인(2023), 『2022 개정 교육과정을 적용한 음악과 교수 · 학습 및 평가』, 어가

에필로그

    시대의 흐름에 따라 발달한 다양한 음악 콘텐츠 및 각종 음원 제공 플랫폼으로 정말 눈과 귀가 쉴 새 없이 즐거운 시대가 되었다. 하지만 인공지능의 발달로 사람들은 이 음악들이 정말 자신의 취향이 반영된 좋은 음악인지에 대한 고민은 사라지고 직접 음악을 고르는 수고로움조차 없이 알고리즘에 의해 자동으로 제공되는 음악을 그저 소비하고 있다.

    음악을 듣는 학생들에게 어떤 음악을 듣느냐고 물어보면 대부분 여러 음원 재생 플랫폼에서 제공하는 인기곡 순으로 듣는다고 대답했다. 수많은 장르의 다양한 음악이 있음에도 불구하고 별다른 이유 없이 수동적으로 음악을 접하고 있으며 자신만의 고유한 음악적 취향이 일반적인 대중의 취향에 묻히는 경우가 많다고 느껴졌다.

    학생들은 성장할수록 자신에 대한 이해가 깊어지고 고유한 취향이 생기며 그에 따라 음악을 듣고 표현하게 된다. 하지만 그 저변에 얼마나 다양한 음악적 경험을 했느냐에 따라 선택할 수 있는 음악의 줄기가 하나일수도 여러 갈래일 수도 있는 것이다.

음악 교사로서 학생들에게 더 넓은 음악의 바다로 안내하고 그 안에서 헤엄치며 나아가듯 다양한 음악으로 뻗어 나갈 수 있는 다양한 음악적 경험의 장을 열어주고 싶어 이번 수업 연구를 시작하게 되었다.

어떠한 학문이든 전혀 모르는 상태에서는 쉽게 호기심이 생기지 않지만 조금만 알게 되어도 접근이 쉬워지고 관심이 자연스럽게 생기듯이, 음악도 마찬가지이다. 학생 주도적 음악 수업을 통해 학생들은 음악적 삶을 살 수 있는 밑거름을 마련하고 생활 가운데에 음악이 자리잡게 될 것이다.

활동이 끝날 때마다 확인하는 학생들의 수업 성찰 및 성장 기록을 받아볼 때면 학생들의 한 줄 한 줄 소중한 소감에 마음이 뭉클해진다. 학생들은 우리가 음악 수업을 해야 하는 이유와 음악적 삶을 살아야 하는 이유들을 잘 이해하고 있었고, 수업을 통해 음악적으로 성장한 자신의 모습을 발견하는 것 같았다. 수업을 준비하는 교사와 수업을 이끌어가는 학생들의 생각이 교차하는 공감대는 준비하는 과정의 모든 힘듦을 덜어내는 데 큰 힘이 되었으며, 다시 수업을 알차게 준비하게 되는 원동력이 되었다.

앞으로도 음악 수업을 통해 교사와 학생이 더불어 성장하고 음악 안에서 함께 행복할 수 있는 수업을 이어가고 싶다.

2023년 11월
노현진